まるちゃんの 老いよ ボチボチかかってこい！

丸尾多重子 監修
上村悦子 著

クリエイツかもがわ
CREATES KAMOGAWA

「つどい場さくらちゃん」

はじめに

あなたのお住まいの近くに「つどい場」はありますか？

つどい場とは、個人の家や空き家、空き店舗などを活用して、地域住民が気軽に集まり、交流できる居場所のこと。今では大小を加えると、全国に数え切れないほど広がっているようです。

私が西宮市に「つどい場さくらちゃん」を開いたのは２００４年。介護家族を中心に、介護される本人、介護職員、学生さん、市役所の福祉関係者などが、「介護」をつながりにいつでも集まって、一緒にランチを食べて語り合い、あるいは介護者が介護のつらさやため込んだ思いを吐き出し、泣いて、笑って、「まじくる（交わる）」場となっています。

どうも私が、この「つどい場」の名づけ親のようで、代表の丸尾多重子、みなさんから「まるちゃん」と呼ばれています。

ちなみに、さくらちゃんの名前は、西宮市のシンボルフラワーの「さくら」と、「ちゃんと生きよう」の「ちゃんと」から名づけました。

このつどい場さくらちゃん、たくさんのボランティアスタッフにも支えられ、もうすぐ20周年を迎えようとしています。

以前は、つどい場としての利用者も年間2000人以上でしたが、コロナ禍では徐々に活動を縮小せざるを得なくなり、それでも「お茶のみ友だち　さくらちゃん」として細々と活動を続けていたのですが……。

2021年秋、これまで介護する側で活動してきた私が、ある日の転倒を境に予想もしなかった2度もの入院、手術を体験しました。

生まれて初めての入院、手術です。しかも、突きつけられた病名といえば、初めて耳にする、一度では覚えられない漢字だらけの病名ばかり。私自身がいちばん信じられない出来事であり、途方に暮れてしまいました。

ただ、ある日突然、介護する側から介護される側になってしまい、学ぶことは多かったです。2016年には長尾和宏医師（長尾クリニック・名誉院長）との共著で『親の「老い」を受け入れる』（ブックマン社）を出版しましたが、今回の出来事で「自分自身の老いを受け入れる」ことの難しさを痛感しました。

老いはどこか他人ごとです。老いはどんな名医でも止めることはできません。いかに自分ごととして受け入れればいいのか、老いの免疫をつけるにはどうすればいいのか、老後に向けて何かの策が必要です。

さくらちゃんをともに運営する三人の仲間、有岡陽子さん、西村早苗さん、戸枚一枝さんに助けられた「命」だからこそ、これからの一日一日を大切に、考え、行動できるうちに、自分の言動に活かさねばと思うようになりました。

介護する側から介護される側になってわかったことや感じたこと、「老いを認めること」の大切さを、この一冊でお伝えできればと願っています。

さあ、じっくり読んでいただいて、まるちゃんと一緒に老いの免疫力をアップしていきましょう。

2022年12月

丸尾多重子

「つどい場さくらちゃん」のランチ風景。手前がまるちゃんこと丸尾多重子さん

もくじ

第1章
元気印のまるちゃんが倒れる？

1

自慢できるほどの医者ギライ

自分で言うのもなんですが、大の医者嫌い。また、根っからの元気印で、健康には自信をもっていたからやと思います。これまで市の健康診査に行ったこともなければ、「風邪気味やから」「熱っぽいから」などと、病院に行ったことは一度もありませんでした。

かつて10年間で母、兄、父の三人を介護し、看取った体験が影響しているのだと思います。がんを患った母が、主治医に緩和医療の知識がないため、苦しみ抜いて逝ったこと。また、そううつ病（双極性障害）だった兄の担当医が、本人の声に真剣に耳を傾けることなく、大量の薬を処方していたこと。

さらに、脳梗塞で左半身まひになった父が誤嚥性肺炎で入院し、退院後の在宅療養のためにと胃ろうをすすめられ、退院の翌日に旅立ってしまったのです。

医療がある時期から診療科目別の専門医制度になってしまって、触診もなくなり、体の症状や検査データだけで病名をつけて、薬を処方する医者が多くなりました。「病だけを診て、人を診ない医療」に、ずっと不信感をもっていたのも事実です。

ところが、一昨年（２０２１年）生まれて初めての入院を経験しました。予想もしなかった脳の検査どころか、手術まで受けることになって、否定してばかりではいけないことを思い知ったのです。

老いて体に支障をきたした場合、頼れるのは医療です。自分の「老い」を素直に受け入れ、相性のよい主治医を見つけて、そのクリニックでカルテをつくっておくことの大切さを痛感しました。

幸い私は「つどい場さくらちゃん」を開いていて、多くの患者家族さんの本音を聞かせてもらいます。近所の「どの病院がいい」「あの医者はあかんわ」「あそこのクリニックは薬を出しすぎ」など、生きた情報が得られます。

しかも、私はつどい場を始めて間もないころ、ある会で「医者らしくない医者」に出会ったのがご縁で、病気だけでなく患者の生活まで診てもらえるその医師に、主治医としてお世話になっています。

●「つどい場さくらちゃん」とは

２００４年より西宮市のマンションの一室でスタート。「つどい場」は、介護者、介護される本人、介護経験者、介護職員、学生さん、市役所の福祉関係者などさまざまな人が立ち寄って、食卓を囲んでまじくる（交わる）場。一緒にお茶を飲み、食事をする温かい雰囲気のなかで、自然に介護のつらさや悩みを吐き出せ、また自分の気持ちが理解され、新しい情報を得られることで、明日からまた介護に向き合う元気がもらえる。

「つどい場」のほか、新しい介護について学ぶ「学びタイ」、車イスツアーを楽しむ「おでかけタイ」、さらに介護保険では扱われない、介護者が留守の間に介護される本人を見守る（散歩や傾聴など）、また病院へ同行して一緒に待つなどの「見守りタイ」を行っている。介護を軸に人と人とがつながり合う「つどい場」の活動は共感を呼び、全国へと広がっている。

「おでかけタイ」韓国旅行にて

「学びタイ」介護講座風景

2 ただ転倒しただけやん

自分の老いを受け入れるのは難しいものです。

２０２０年12月、頼まれごとがあり、西宮市社会福祉協議会に出向いたときのこと。玄関マットが少しめくれ上がっているのに気づきました。頭では気をつけながらと思いつつ、見事にマットの端に足を引っかけ、転倒してしまったのです。

足を引っかけて空中を舞っている瞬間です。「腕をついたら骨折する」と思い、中学・高校時代に部活動できたえたバレーボールの回転レシーブを思い出しました。とっさに左肩から回転しようと思ったものの、老いた体は思いどおりには動きません。予想以上に地上が近くて、思いっきり左肩を強打してしまったのです。

それでも、私自身、痛みや不自由さの体験がないせいか、感じ方が鈍いのでしょう。転倒した直後は少しは「痛いなあ」とは思っていました。でも、その後は、右利きですから動くのにそれほど不自由も痛みも感じず、すぐに病院へという気持ちはありませんでした。

ところが翌年、6月に2回目のコロナワクチン接種後、左肩に異常な痛みを感じるようになったんです。それで周りの仲間たちに、以前、転倒したことをポロッと話してしまい、「なんで今までガマンしてるんよ！」と叱責され、近くの整形外科に連れて行かれました。

ＭＲＩ検査で「左肩腱板断裂、剥離骨折」と診断。左肩の腱板が切れ、裂けたことで、骨もはがれ落ちていたようです。

転倒から7か月もたっていたので治療はリハビリしかなく、２週間に一度整形外科に通うことになりました。

少しくらい痛くても、自分に大丈夫と言い聞かせてがんばってしまうところがあって、周りから「ややこしい」と言われる私の性格でもあるんです。

それに、育った環境もありますね。我が家では、小さいころから我慢することが当たり前でした。口うるさいオババがおりまして、子どもが「痛い」「しんどい」などと言おうものなら、「あんたの育て方が間違うてる！」と母への理不尽ないじめとなったのです。

日ごろからオババに泣かされている母を守るには、何も言わずに我慢すること。ですから、いろんな人と出会って、思ったことをすぐ口にできる人を見ると、本当にうらやましいと思います。

3 また転倒してしまった!

左肩腱板断裂、剥離骨折と診断されて３か月後の２０２１年10月中ごろ、またもや転倒してしまいました。

神戸三宮に仕入れに行った帰りです。三宮駅近くの人混みのなかで、急にパーキンソン病の特徴的な歩き方とされる「トットットー」といった「すくみ足歩行」になってしまって、ドッテン!

とっさに道行く若者に抱え起こされ、何とか電車に乗り帰宅できました。このときも左手と左膝を強く打っていたようです。もちろん、仲間たちには言いませんでした。

ところが数日後、いつもそばにいる仲間のひとり、有岡陽子さんに、左のてのひらに青アザができているのに気づかれ、またもや転倒したことを事後報告。

その５日後の25日から、症状が出始めたんです。

左手がしびれ始め、コップやペンも落としてしまって。そばにいた西村早苗さんがすぐに左手をさわってくれて、「おかしいよ!」と再び、リハビリに通う整形外科へ直行。ＣＴ検査で左手のしびれは、気づかないまま過去に起きた脳梗塞が影響しているかもしれないとの診断でした。

27日は主治医の長尾和宏医師（長尾クリニック）の診察も受け、すぐに兵庫県立尼崎総合医療センターで詳しい検査を受けるようにとの指示が出たのです。

翌日には三人の仲間に伴われ、同センターの脳神経内科に向かいました。ＣＴ検査で、脳幹萎縮が少し見られ、パーキンソン症候群、また慢性硬膜下血腫の疑いがあることが判明。後日、入院しての精密検査をすすめられましたが、私は入院が嫌で通院での検査をお願いしてしまいました。


その日の検査を終えて帰宅。四人でホッとしながら昼食のサンドイッチを食べたのですが、仲間によると、私はボーッとしていて不安定で、ふらつき、転びやすい様子だったようです。

その様子を見て、仲間たちは「今晩は泊まる」と言ってくれましたが、そこまで迷惑はかけられません。それでも仲間のひとり、有岡陽子さんはもう少しと残ってくれていたのです。

そして夕方、陽子さんを驚かせたのが、３分間ほど続いた全身のけいれんです。もちろん私は意識がもうろうとしています。

そのけいれんの最中に、以心伝心とでもいうのでしょうか、長尾医師から電話が入り、すぐに県立尼崎総合医療センターの緊急外来へ行くようにとの指示。仲間のひとり、西村早苗さんがすぐに車を出して運んでくれたのです。もう感謝しかありません。

たどり着いた脳神経内科の診察室では、私は覚えていませんが、診察中に、またてんかん発作が起こり、酸素吸入をしてもらったそうです。後日、担当医と看護師さんから、

「目の前でてんかん発作を起こしている患者さんを診察させてもらったのは初めて」

と言われました。

冷めた目で見るなら、医療とはこういうものなんやと改めて思いました。

医師も看護師も学問では学んでいても、実際に発作を起こした人がどういう状態になるのかを、現場では見られていない。そういう欠けている部分を今の医療教育に生かしてほしいと強く感じました。

●高齢者の転倒の怖さ

悪循環の始まりといわれる高齢者の転倒。内閣府の「令和4年版高齢社会白書（全体版）」によれば、高齢者の介護が必要になる主な原因は、1位が認知症で、脳血管疾患（脳卒中）、高齢による衰弱に

続き、4位が「骨折・転倒」で13％を占めている。

若いときなら軽いケガですんでも、高齢になると回復に時間がかかるうえ、意欲や気力の低下につながり、体力や筋力も衰えて寝たきりになるという悪循環に陥りかねない。「転ばぬ先の杖」のことわざどおり、「散歩を日課にする」「生活環境を整える」などの転倒予防策*を考えておくほうがいいようだ。


*外で転倒した場合などに備え、身元がわかるように、保険証・診察券・名刺などを入れたカード入れを持ち歩こう。

4 

ワクワク・ドキドキの初入院

２０２１年10月28日。医師の目の前でけいれんを起こし、そのまま検査入院となりました。

とにかく生まれて初めての入院です。20歳のとき、オババの付き添いで半年入院して以来です。

そのときはオババとはいえ、人ごと。自分が患者になって入院したのは初めてです。

入院の第一印象は、「病院のベッドって、こんなに固いんや。体が痛くて、寝にくいな」でした。ベッドがすべて窓に面するように放射状に設計された（プライベートウインドウ設計）新しいタイプの四人部屋でしたが、ベッドは病人さんが寝るものなので、もっと寝心地のいいものやと思い込んでいました。初日はなんか肌寒くて寝心地がよくなく、熟睡はできなかったです。

10日間の入院中は、毎日、ＳＴ（言語聴覚士）さんとＰＴ（理学療法士）さんが病室に来て、いわゆる発語や身体機能の検査です。

若い男性と向き合うのは久しぶりですから、妙に「ワクワク、ドキドキ」。ＳＴさんは、さくらちゃんでもみんなでよくやっていた、「桜・猫・電車」を記憶するカードとか、「１００から7を引いて、それからまた7を引いてください」などのテスト（認知機能検査・長谷川式認知症スケール）をされましたが、患者側の私は、「なんや、認知症テストをしてはるわ〜」と思っているわけです。テストされる身になるのは初めてのうえ、答えもわかってるのだから、なんか「自分ごとやない」感じ。

ＰＴさんとは、リハビリ室まで一緒に歩いて行き、庭を散歩したり会話をしたり。リハビリ室にズラリと並んでいる各種道具を使うでもありません。二人並んでいろんな場所を歩きながら、体全体の身体機能を細かく観察されているようでした。ですから、こちらも「自分ごとやない」感じだったのです。

ＣＴやＭＲＩで脳の映像も毎日のように撮られました。検査中は、医師同士の会話がすべて耳に入ってきます。さまざまな画像を見ながら医師たちが、「わからんなあ、わからんなあ」とおっしゃっている。「あー、脳のことって、まだまだ解明されてないんや」と実感しました。

しかし、診断はちゃんと出まして、「右脳の尾状核梗塞」を以前に起こしていること、発作は「てんかん」と判明しました。さらに、パーキンソン症候群の一つである「大脳皮質基底核変性症」の可能性もありという結果でした。

そういう状況にいても、なぜか夢心地で、自分ごととしてとらえられず、何とか自分で「これは事実なんや、事実なんや」と言い聞かせていました。

このときは検査入院ということでしたから、それほど抵抗感はなかったです。ただ、自分の身にけいれんが起きて、その病名が「てんかん」と聞いたときには、すごくショックで受け入れられませんでした。

てんかんって小さい子どもがなる病気やという思い込みがあって、身内でも、身近でもてんかんを起こしてる人を見たこともなく、まして自覚もなかったものですから。

確かに、あのときはペン1本が持てなくなり、その後けいれんが起きました。最初は左側だけでお茶碗やお椀が持てなくなり、自分の体じゃないみたいやったのは事実。最終的には全身にけいれんが起きたようです。

身近に病気と関わりのある人なら「てんかんによって、けいれんが起きたんや」と思えるのでしょうけど、元気印の私にはピンとこなかった。ただ、主治医の長尾医師の説明によると、高齢社会になって高齢者のてんかん発作は急増しているようです。

また、自分が起こしたてんかんの定義を聞いて（104ページ参照）、「あー、そうなのか」と納得できました。「日本てんかん協会」もちゃんとあるようです。

「大脳皮質基底核変性症」なんて漢字がいっぱい並ぶややこしい病名は、それほど気にならなかったのですが……。

5 患者の気持ち、代弁します！

自分が入院患者になって見えてきたことは多いです。

やはり「看護師さんの存在は大事や」と思いました。今回の病院の看護師さんは、いつも「キャッキャキャッ」って感じで、やたらと明るいので救われました。一般的な看護師さんのイメージとしては、入院病棟には重い病気の患者さんも多いからでしょうけど、生真面目で硬い感じが強いですものね。病室の雰囲気づくりは、やはりお医者さんやなくて看護師さんの役割。「大事なポジションやなあ」という印象です。

自分が利用してみて気になったのは、夏も冬も同じと思われる生地の病衣（病院指定の患者着）です。病院は全室空調整備されているので、若い人ならそれほど気にならないのかもしれません。でも、私はもう70代半ば、入院したのも11月末ですから肌寒かったです。若者と高齢者では体温調節機能が違うことを理解し、用意をお願いしたいと思いました。

同じ病室で寒いと思う人は申し出ると、毛布が提供されていましたが、私はそういうことが言えないタイプ。それを察した仲間たちが、起毛のパジャマを買ってきてくれて、その気持ちと起毛のあったかさを身体中で感じました。

一方の食事は、心から拍手でした。私は血糖値が高くて糖尿病食でしたが、病院食という感じやなくてうれしかったです。一応、調理師の免許ももっているので、ついプロ意識で見てしまうのですが、見た目がよく、おいしくて、栄養のバランスもちゃんととれていて、デザートまでついているんです。

一般的には、病院食はまずいとか言われるやないですか？　私が大型高齢者施設で作業的に食べさせられる食事の表現でよく使う「エサ」などではなく、おいしい食事で不安な入院での大きな救いでした。

ですから食事ごとに、メモ用紙に「○○が食べやすくて、おいしかったです」「この野菜の切り方がよかった」「盛りつけが素敵でした」など、毎回「ありがとう」のメッセージをお膳に忍ばせておきました。ロールパンが出たときもちゃんと温めてあるから、食への気づかいが伝わってくるんです。

それを担っているのは、やはり管理栄養士さん。いくら成分などを計算してメニューづくりをしても、「食べたいな」「おいしそうやな」と思わせてくれるのが大事です。それには患者の声を伝えることが大切やと手紙を書きました。

提供する側と提供される側では、立場が変わると見える景色も変わります。提供される側がちゃんとメッセージを出さないと、提供する側には伝わらないですもんね。

● 高齢者の入院実態

高齢者の急性期入院の疾患としては、年齢が上がるとともにがんが減少して、脳血管障害や循環器疾患などが増加の傾向にあるようだ。「平成25年版高齢社会白書（全体版）」によると、65歳以上の受療率（高齢者人口10万人当たりの推計患者数の割合）は、平成23（２０１１）年の入院が３１３６、外来が１１４１４となっていて、他の年齢層に比べて高い水準だが減少傾向で、入院の疾患は１位が脳血管疾患（男性４７１、女性５３６）、２位ががん（男性４４１、女性２２５）となっている。

6 このワタクシが介護認定？

10日間の入院でしたが、退院日の２０２１年11月６日は三人の仲間が迎えに来てくれ、シャバに帰れたときはうれしかったです。

住み慣れたさくらちゃんの家はやっぱりいい。病院は、言葉どおり「病」の「院」です。ものすごい痛みを和らげてもらったとかの実感がないわけで、けいれんにしても自分にけいれんが起きて、すごく困ったという実感もないですからね。

どんなときもすぐそばにいてくれる仲間の三人はもちろん、普通に生活できるありがたさをしみじみと感じました。

病院から出された注意事項は、
・睡眠不足
・飲酒
・薬の飲み忘れ
・高い場所に登らない
・入浴（てんかんがある場合、溺れる可能性があるため、ひとりのときはシャワーに）
・てんかん発作が5分以上の場合は救急車

そして、退院から2週間後、この私が、介護認定を受けることになりました。まさか、です。人さまに介護認定の説明をしていたのに、ひとりでまだ動けるし、食欲もあって自分で食べられるのに、そんな私が認定を受ける身になるなんて夢にも思いませんでした。

長尾クリニックのケアマネジャーさん（認定調査員）が来て、身体の状態をいろいろ質問。主治医の長尾医師に意見書を書いてもらって、「要支援2」の認定結果が出ました。

さくらちゃんでは2階を寝室にしています。退院以来2階への上がり下りは禁じられていたので、1階で寝られるように福祉用具として介護用ベッドと車イスをレンタルすることになりました（自己負担額はレンタル料の1〜3割）。

自分ごとになって初めて、必要な福祉用具がレンタルで使える介護保険は、本当にありがたいなと思いました。でも、そのときは「まだ歩けるのになんで車イス？　そんなん使うことないわ」と笑っていたのです。

12月に入って、退院後の再診があり、再び仲間三人に付き添われ、県立尼崎総合医療センターへ。パーキンソン症候群の一つである「大脳皮質基底核変性症」の疑いがあるまま退院していましたが、「１００％ではないが、疑いは薄くなった」という結論が出て、落ち着いた日常に戻っていきました。

COLUMN

丸尾さんは「なごみ」のいちばんの応援団

特定非営利活動法人なごみ　事務局長
田村幸大さん（36歳）

西宮市東鳴尾町で地域のつどい場「なごみ」をオープンしてもうすぐ10年。さくらちゃんがなかったら、なごみはなかったと言い切れます。丸尾さんとの出会いは10年ほど前。ボクは大学時代から子どもの社会教育に関心があって、卒業後にNPO法人を開設。その延長線上で子どももが多世代と交流できる「つどい場」をやり始めようとしたとき、市役所の職員から「すごい人がいる」と紹介され、相談に行ったのが始まりです。

丸尾さんからは「若者がチャレンジすることは応援したい」「これからは子どもだけやなく、高齢者も居場所が必要」とのアドバイスがあって、鳴尾東地域の古民家を改装して開いたのが、今のなごみの前身となる「つどい場なごみ」です。そのときからのいちばんの応援団が丸尾さんです。

実際につどい場を開いてみたら、独居の高齢者や引きこもりの子ども、障害のある人たちが集まるようになって自然に交流が生まれた。すごいと驚くと同時に、つどい場の魅力を実体験して、丸尾さんの言葉どおりだと肌で感じました。

何の下地も実績もない20代の若者が、地域でつどい場をやりたいと動き出せたのも、丸尾さんが先につどい場を開いて、その必要性や価値を行政に伝えてくださっていたからこそ。それだけ存在は大きかったです。丸尾さんには気づかないうちに引き込まれる魅力があって、何を話しても受け止めてくれる人だと当初から繰り返し思ってきました。

その後、NPO法人化するときに監事になっていただき、年に3～4回開く理事会でアドバイスをもらっています。ひとりの経営者として孤独になることもあって、進め方を悩むときなど相談すると、そのつど「なごみはすごい、このままやれば間違いない」と言ってくださる。また理事会の帰りには車で送るんですが、その間「タムタム（田村さん）がいるからなごみが成長して西宮がよくなってるんや」「誰でもできることやないよ」とずっとほめてもらって、それがまた次もがんばろうという力になっています。

丸尾さんは言葉の力も存在感も大きい。発する言葉にエネルギーがあって、同じ言葉でも別の人が言うのと違うんです。相談したとき「私はこう思うよ」と意見を言う方は結構いますが、丸尾さんは聞いてる人の立場に共感しながら言葉にしてくれる。その共感力がすごいです。普段目に見えないこちらの苦労や不安とかも見えてるかのように話してくださるんです。

今後のボクの役割は、次に続く人たちががんばれるように応援すること。丸尾さんと同じようにはできないけれど、丸尾さんの「つどい場をコンビニの数ほど増やそう」という思いどおり、市内にもっと広がるように前進していきたいと思っています。

第2章
私が介護されるなんて

お風呂から出られへん！5時間の入浴

年の瀬も押し迫り、お正月の準備も少しずつ始めていました。

さくらちゃんのお正月は「ぼっちの会」です。本来なら家族や親戚が集まって、あるいは故郷に帰って、みんなで祝うのがお正月です。

でも、パートナーや親御さんに旅立たれ、シングルで迎えざるを得ない人もいます。そういう方に声かけして、例年さくらちゃんでもにぎやかにお祝いの膳を囲んでいました。

毎年、お正月には、まるちゃん流お雑煮とおせち料理をつくります。

その日、2021年12月30日も、おせちの材料を注文したり、買い出しに行ったり、お鏡餅の準備をしたり……。

少し慌ただしかったせいか、夕食をすませると強烈に眠くなりました。食後に睡魔に襲われるのはよくあること。いつものようにその辺でうたた寝するのではなく、なぜかベッドで寝ようと思いました。

長年使ってきた自分のベッドでもまあまあ眠れていましたが、レンタルしている介護用ベッドのマットが立派で寝心地がすごくいいのです。

さくらちゃんを始めてからの私の夜の過ごし方は、かなりユニークかもしれません。昼間はいろんな方が来られて、介護のつらさを吐露する方もいれば、それこそ離婚相談をされる方も結構多いのです。

しかし、遠いから、あるいは介護でさくらちゃんにまで行けないからと、夜間に電話相談をしてくる方も多々ありました。それも、介護する本人が眠ってからのほうが話しやすいので、深夜になることもたびたび。この際と話されるので、1~2時間は当たり前でした。

介護には喜びもあれば、苦しさやつらさもあります。みなさん、介護で疲れた重い気持ちを吐き出されるので、私はただただ聞くのみ。何もしてあげられないことへの責任を感じながら、深夜1~2時にまでなることが多かったです。

その一方で、メールでの介護相談の返信作業に、夜中までかかることも日常でした。最近はそういう相談も減ってきましたが、長い習慣から私自身がお風呂に入る時間は、夜の11時、12時というのはしょっちゅうだったのです。

そんなわけで、12月30日の夕食後、寝心地のいい介護ベッドで寝たところ爆睡してしまい、目を覚ましたら午前2時半。その瞬間、思い出したのが明日、美容院を予約していることです。仲間三人と一緒に行く予定でした。

「シャンプーしとかなあかんし、お風呂に入ろう」

入浴の準備をして、夜中の3時にお風呂へ。

いつもどおりの入浴です。浴室に入ったら、まずシャンプーをして、次に体を洗います。それから湯船に入って、ゆったり……。

これもいつもどおりですが、「年末やし」という気持ちも込めて、出る前に丁寧に浴槽を洗って、お湯を抜いて終了、と思っていたのです。

ところが……。

「さあ出よう」と、いつもどおり浴槽から立ち上がろうとしたら、

「あれっ？」

「なんで？」

「どうしたんやろ？」

数日前から「だる重い」感じがしていた足が踏ん張れず、立てないのです。もう一度立とうとしても、立とうとしても、なぜか滑って立てません。

浴槽の底がイヤにツルツルした感じで、何度試みても立てませんでした。

ひらめきました。

「お湯を抜いてしまって、浮力がないからや！」

それでもう一度お湯を入れました。もちろんお湯を張るにはある程度、時間がかかります。お湯がいっぱいになって、今度こそ立とうとトライしてみました。

が、またツルンと滑ってしまう。

何度も何度も行ううちに、ザブンと滑って頭までお湯につかってしまい、イヤというほどお湯を飲んでしまったのです。

「私、泳がれへん！」

「これで水分補給せんでええわ！」

この期に及んで、そんな呑気なことを考えながら、お湯が冷めるとまずいと思い、追い焚きをしました。そして、しみじみ思ったのです。

「事件」が起きたお風呂

「これは誰かに助けてもらわな、もう出られへんわ」

そして、

「そうそう、明日は美容院を予約してて、朝9時には仲間たちが迎えに来てくれることになってるんや」

と、何の根拠もなく安心したのです。


そうなると気になるのが時間です。

「今、何時やろ?」

季節は冬ですから、明け方とはいえ外は真っ暗。時計がないので時間がわかりません。スマホで連絡したいけれど、台所に置いたまま。その間も何度か立とうと試しましたが、ツルリン、ツルリンの繰り返しでした。

ただ、不思議なことに恐怖感はなく、焦ることもありませんでした。「(美容院に行くので)9時になったら必ず三人が来てくれる」という確信があって、どこか冷静でいられました。お湯が冷めれば、どんどん追い焚きすればいいのですから。自分で言うのも何ですが、変な性格でしょう?

死ぬなんて、まったく思いもしませんでした。

● 交通事故より2倍多い、高齢者の入浴事故

毎年11月から4月にかけて多く発生する高齢者の入浴事故。入浴中に意識を失い、浴槽で溺れて亡くなるという不慮の事故が増えている。厚生労働省人口動態統計（令和2年）によれば、高齢者の浴槽内での不慮の事故、溺水の死亡者数は４７２４人で、交通事故による死亡者２１９９人のおよそ2倍になっている。

入浴事故の原因の一つが、急な温度差による血圧の変化。暖かい室内から寒い脱衣所に移って服を脱ぎ、浴室も寒いと血管が縮んで血圧が一気に上昇し、そのまま浴槽に入って温まると血管が広がって血圧が低下し、ヒートショックを起こす。

入浴事故を予防するには、脱衣所・浴室を暖めておく。お湯の温度は41度以下で、お湯につかる時間は10分まで。浴槽から急に立ち上がらない。食後すぐ、飲酒後、医薬品服用後の入浴は避けるなど。

＊浴槽から立ち上がりやすくする対策として、浴槽内で座れるように浴槽台を入れる、浴槽に浴槽用手すりを取り付けるなどがおすすめ。浴槽から出られず人に気づいてもらう対策として、まるちゃんは自身の体験から浴室にひも付きホイッスルを常備することを提案している。

2 高齢者の高齢者による救出劇！

窓の外が明るくなって、町が動き出す気配を感じていたころです。

玄関のドアを開ける気配がしました。

「よかった!!　これで出してもらえる！」

仲間のひとり、有岡陽子さんが来てくれたのです。

「まるちゃん！」

「まるちゃん！」

焦った声で探してくれます。

「どこにいんの？」

「…………？」

お風呂の前あたりに人気を感じた私は、

「お風呂から出られへんねん！」

とひと言。

「何してんの！」

と、陽子さんが叫びながら、あわててお風呂に駆け込んできました。

すぐに私の両脇を抱え、引っ張り上げてくれようとしましたが、

「アイタ・タ・タ……」と私。

陽子さんでは力及ばず、到底無理な様子。申し訳なかったのが、彼女はぎっくり腰で治療中だったのです。

すぐに仲間の二人、車を持つ西村早苗さんと戸枚一枝さんに連絡してくれました。もともと9時集合だったので、二人はもう準備をしていて、10分ほどで駆けつけてくれたそうです。

しかし、早苗さんは心臓が悪く、ペースメーカーを入れる手術を受けたばかりで、重いものは持てません。

裸で持ちにくかったでしょうに、両脇に手を入れ、火事場のくそ力で「ガッ」と引き上げてくれたのは、三人のなかでいちばん高齢（80歳！）の一枝さんでした。一枝さんは普段から食欲旺盛で、「よくぞ力を蓄え、元気でいてくださったからこそ」と、心からありがたく思いました。

しかも、三人ともが母親や夫の介護を長年してきた経験者です。体の拭き方、起こし方、服の着せ方など、行動力が違います。

やっとお湯から引き上げた私の体を手際よく拭いてくれると、機転をきかせてレンタルしている車イスを持ち出してきて、力の抜けた私を持ち上げて座らせ、すぐさま奥の部屋まで連れて行って、髪にはドライヤーをかけ、衣服を着せてくれたのです。

「こんなん、使うことなんかあらへんわ」と笑い飛ばしていた車イスが大活躍。「神がかりの車イス」に変身したわけです。

ここまでのゾッとするような緊迫した時間のことは、仲間の三人はあまり記憶にないそうです。

陽子さんは、すぐに長尾医師に電話をしてくれましたが、医師はなんと飛行機のなか。

「まるちゃんがお風呂で……!」

と、伝えたところで電話がプツッと切れてしまいました。

あとで聞いた話ですが、その瞬間、長尾医師は、

「ああ、まるちゃんが風呂で死んでしまったか……」

と思ったそうです。まあ、在宅医としては、高齢者のお風呂での事故=死という構図があったのでしょう。

でも、私は思ったのです。

「残念でした!」

「私は、そんなに簡単にはくたばりません！」

その後、陽子さんはすぐに長尾医師にメールで状況を報告。長尾医師は自身のクリニックの脳外科医にすぐ連絡をとり、県立尼崎総合医療センターに受診依頼のファックスを入れるように指示してくれました。

その後、私は早苗さんの赤い車（個人用救急車）で、同センターへ直行。主治医から直接、連絡が入っていたことで、個人で病院へ駆け込んでも、すぐに脳外科につないでもらえました。主治医としてすぐに判断し、指揮をとってくださった長尾医師は、命の恩人だと思っています。

あとで話を聞くと、陽子さんは変な予感がして、9時より1時間早く、8時にはさくらちゃんに来てくれたそうです。私はお風呂につかったままですから、時間もわからない。もちろん裸のままでしたが、びっくりするぐらい冷静で死の恐怖もなかったです。

みんなはあわてていて何も覚えてないようですが、私は「これぞ裸のつき合い」と、くだらないことを考えていました。

● 有岡陽子さんのつぶやき

その日はなぜか気になって、約束の1時間前の朝8時にさくらちゃんに行きました。美容院へ行く予定なのに、玄関の鍵はかかったまま。玄関に入ってすぐに異様さを感じました。なかに入るとテレビがついたままで、肝心のまるちゃんはいないんです。トイレに行ってみてもいない。「まるちゃん！」「まるちゃん！」と大きい声で呼んだら、初めて「お風呂から出られへん」と聞こえてくるじゃないですか。お風呂のドアを開けて「何してんの！」と叫んでしまいました。

「出られへんねん！」と言うまるちゃん。

バスタオルを用意して、引き上げようとしたけれど無理で、すぐに仲間の二人に電話しました。心臓はバクバクです。

二人は10分ぐらいで来てくれましたが、まるちゃんを浴槽から出そうとしてもうまくいかない。最後に一枝さんが、渾身の力をふり絞って引き上げてくれました。その後、「ああ、車イスがあったわ」と思い出し、車イスにまるちゃんを座らせて奥の部屋へ。

服を着せて、髪をドライヤーで乾かし、まるちゃんに「美容院やなくて病院へ行くよ！」と興奮気味に伝えると、「えっーー！」と言うんです。

それがまるちゃんです。

3 

頭に穴を開けるの！

今回、運ばれたのは、県立尼崎総合医療センターの脳神経外科です。すぐにＣＴを撮ってもらったところ、「慢性硬膜下血腫」と診断され、即日手術となりました。

慢性硬膜下血腫というのは、頭蓋骨の内側の脳を包む膜（硬膜）と、脳の表面との間にゆっくり血液が溜まる疾患だそうです。私の場合、即刻、血液を抜いたほうがいいぐらい溜まっていたようです。お金は貯まりませんが……。

前回の入院時には、仲間に保証人になってもらいましたが、今回は脳外科手術ということで保証人は身内に限られ、すぐに神戸に住む妹に連絡。病院に来て、手術承諾書にサインをしてもらいました。妹と陽子さんの二人で、右脳の画像を見ながら、医師の説明を受けたそうです。

その日は、年の暮れだというのに手術の件数が多かったようです。

私は、夜の8時半に手術室へ。脳の手術ということで、「頭蓋骨をガバッと外してメスを入れる」というスタイルをイメージしていたのです。

ところが、手術前に担当の女医さんがバリカンを持って来られるじゃないですか。髪を全部剃るのかと思い、

「これで仏門に入らなあきませんね」

と言うと、

「そんなに剃りませんよ。一部を剃るだけです」

と笑われました。

「部分麻酔で頭蓋骨にドリルで穴を開け、そこに管を通して血を抜くという簡単な手術です」

との説明です。しかし、その後は部分麻酔にもかかわらず、ドリルで穴を開ける段階では音が聞こえなくなり、その後はまったく何も覚えていません。

最後はホッチキスで10数か所とめるらしいのですが、その最後から三つ目ぐらいに「イタっ！」と感じて意識が戻りました。抜糸のときにホッチキスの数を数えたら、12～13個ほどありました。

ホッチキスの痛みで麻酔から目覚めるなんて、体験者にしか語れない話です。

4 

「手術で性格の悪さも治してください」

担当の女医さんは本当にいい方で、翌日の大晦日はお休みだというのに経過をみにきて、慢性硬膜下血腫についていろいろ教えてくださいました。症状としては、「足がだる重くなる」「昼間に異常に眠くなる」「ボーッとしてしまう」「てんかんが起きる」など、いろいろあるそうです。私も同じような症状が出ていて、周りにすべて指摘されていましたから、すごく納得できました。CTを撮ればすぐに診断できる病気なのに、見落とされると、認知症と診断されるケースが多いそうです。あってはならないことです！

そして、最後にお願いしたんです。

「先生、私の性格の悪さも治してもらえませんか？」

と。医師はすぐ首を横に振って、

「う～む、それはできません！」

関西人ならではの返答が返ってきて、さすがだと思いました。

術後の翌日も痛みはまったくなく、手術痕は少し凹んでいるぐらいです。

しかし、これまでさくらちゃんで聞いていたのは、「お父さんがお風呂で硬膜下血腫で亡くなった」「転倒して硬膜下血腫になって旅立った」など、硬膜下血腫で亡くなった人の話が多かったので、この病気で命を終える人が多いんやなという印象だったんです。

でも、長尾医師の説明によると、それは「急性硬膜外血腫」のことだそうです。急性と慢性では大違い。慢性硬膜下血腫の場合は、自分がなってみて、案外、簡単な手術で復帰できました。

さらに、CT検査をすることなく、認知症と診断される人が多いことを知ったのも大きな収穫でした（第5章の1・2参照）。

転んで頭を打った人は、硬膜下血腫になるかもという自覚はあるでしょう。しかし、私のように頭を打ってなくても、硬膜下血腫になることがあるようです。気づかないうちに少しずつ血液が溜まっていき、大事になるケースもあることを、多くの人に伝えていかなければと思いました。

5

元旦の入院は貴重な体験

2回目の入院は、大晦日から元旦にかけてです。

また食事の話ですが、元旦は、お餅ふう団子のお雑煮に、お祝いの黒豆や煮物があって、お正月らしい気づかいのメニューでした。それがうれしくって、またお礼のお手紙を書きました。

確かに病院は、日常の生活から分離した面もありますが、唯一表現できるのは、看護師さんの対応や食事の内容です。病院で働いておられる看護師さんはもちろん、管理栄養士さんなど食事提供者の役割は、すごく影響があると思いました。

今回の入院も四人部屋でした。お正月とはいえ、本当に多くの方が入院しています。同室で元旦にちょっとしたハプニングがありました。

ひとりのおばあちゃんが、急に大声で暴れ始めたのです。看護師さんが一生懸命なだめ説得するのですが、らちが明きません。そのうち周囲を気にしてか、別室に連れて行かれました。

そのおばあちゃんも病気があって入院されているんでしょうけれど、やっぱり、いちばん不安なのは本人。家族みんなでお祝いするお正月という特殊な日だからでしょうか。そんな日に、家族が誰ひとり来てくれなかったりすると、本人の寂しさや不安が顕著に出るんやなあと思いました。

弱ってるときこそ家族が顔を見せてちょっとした声かけをしたり、一緒に笑い合ったりする「ふれあい」はかけがえのないものです。

私は病院のベッドで、かなり暇でした。手術は30日の夜に無事に終え、翌日も痛みなく過ごせ、食事もおいしくいただいていたので、つい気になってしまったのが、さくらちゃんでのお正月の準備です。

毎年、昔ながらの食文化を伝えたくて、簡単ながら手づくりのおせちを用意しています。さくらちゃんの留守を守ってくれている仲間が、今回の私の騒動で疲労困憊しているのも忘れてしまい、「○○は煮物に、お重にはウラジロを敷いて、南天と松を飾って……、お鏡餅には半紙、ウラジロを敷き、葉付きミカンを……、おとそには日本酒にみりんを少し」などと、携帯のラインで細かい指示を出してしまいました。もちろん、大ひんしゅくを買ってしまったようで、元気になって大反省!

こうしてみなさんに迷惑をかけながらの今回の入院でしたが、恵まれていたことがありました。自分の病気にきちんと対応してもらえる病院に入院できたことです。近隣で脳外科のある病院は二つしかありません。もし、救急車を呼んでいたら、脳外科のない病院へ運ばれた可能性もあります。当日、手術ができていなかったら、どうなっていたかと考えるとゾッとします。

こうした一刻を争うときこそ、どういう病院を選ぶかはすごく大切です。病院のよい情報も、悪い情報も、日ごろから周りの人たちにありのままを聞いて、頭に入れておくことが大事。そうすれば病院選びが必要なとき、また救急車で運ばれるときにも、指定することができます。「○○病院なら評判がよくて、任せられそう」とわかったら、風邪などの軽い病気のときにでも一度診察を受けて、選ぶ基準にしておけばいい。いい病院の存在すら知らなかったら、選びようがありません。

6 車イスって風当たりがキツすぎる

2022年、新年早々の1月2日には仲間の三人が迎えに来てくれ、痛みも後遺症もなく無事に退院しました。

遅ればせながら、さくらちゃんに帰ってホッとしながら白味噌のお雑煮やおせちをいただき、お正月のお祝いもできてうれしかったです。

退院とはいえ、仲間たちはその日からの私ひとりでの入浴を心配してくれ、10日間ほどは有岡陽子さんが寝起きをともにしてくれることになりました。


退院して、初めてのお出かけは「十日えびす」、「西宮神社のえべっさん」でした。1月10日が本えびす。私は、1月11日が自分の誕生日であり、妹の誕生日でもあるので、残りえびすに参るのが昔からの恒例です。

それで退院後の初めてのお出かけも、有岡陽子さん、戸枚一枝さんと一緒に残りえびすへ。久々に歩いて行っていたのですが、途中で思った以上に足が疲れてしまい、「それじゃあ」と有岡さんが車イスをとりに帰ってくれたのです。

そして、人前で乗る人生初の車イスに挑戦しました。そう、年末の入浴事故のとき大活躍してくれた、あの「神がかりの車イス」です！　ところが、今度は神がかりどころか、神よ何処へ……。これまで人が乗っている車イスを押すことはたびたびありましたが、自分が外で乗るなんて想像したこともなかったです。

「ホ、ホンマに寒い！」

実際に押してもらって初めて感じたのは、ガードするものが何もないので、風も、冷気も、ホコリも、周りの匂いも、すれ違おうとする人も、何もかもが前からまともにやってくるのです。

「車イスって、こんなに怖いの？」

「こんなに寒いの？」

が実感でした。

よく考えてみると、大切な子ども用のベビーカーには細かい配慮があって、日差しをカバーするフードや風よけがついてますよね。特に冬場は、高齢者向けの車イスには膝掛けなど防寒用品が必携だと痛感しました。

これまでは押す側で、押しながら歩いていれば、自分は動いてるのでそれほど寒さを感じません。それればかりか車イスに乗った人に向けて「楽でしょう？」的な考えをしていましたが、とんでもない話でした。

COLUMN

まるちゃんは怒りをエネルギーに変える力をもった人

高齢者在宅サービス管理職
中嶌康之さん（61歳）

私にとってつどい場さくらちゃんは、自分の時間がもてる場所です。介護職として社会の枠組のなかでの時間があり、また家族との時間もあって、もう一つがさくらちゃん。いつでも気持ちよく迎えてくださるホッとできる場所で、こういう場があるのはすごいなと思います。

さくらちゃんは、集うみなさんに介護の経験や介護への思いがあり、それを分かち合いながら、つらい体験もプラスに変えていけるような場所になっている。私自身、母を見送ったり、義母が脳卒中で半身まひになったりで、仕事としての介護と身内の介護の違いについて正解探しをするような時期があって、みなさんから教えてもらうことが多々ありました。自分がそのとき感じていることを話したり人の思いを聞いたり、つどい場は井戸端会議のような感覚です。

私は大学卒業後、出版社に勤務していましたが肌に合わず、精神科医の本を担当したのがきっかけで、「お年寄りのそばで話を聞くのもいいな」と介護職に転職。働きながら老年学や社会福祉・精神福祉をかじり、いくつかの組織や法人に所属して約35年。徐々に日常のなかで自分の思いを表現していくことに行き詰まりを感じるようになっていました。一つの囲いのなかで仕事をするだけでなく、いろんな世界で自分が活かせる場所も必要かなと思い始めたのです。

そんなころ、長尾和宏医師主宰の勉強会に行く機会があり、同時にボランティアにも関心があって、さくらちゃんの存在を知り、かいご楽快のボランティアに参加。かいご楽快ではいろんな考えの方が活躍されていて、可能性はたくさんあるんだなと気づかせてもらいました。

まるちゃんは怒りのある人だなと思います。それは社会に向けられたものではなく、ひとりの人がやれることに限界があるなかで、過去を振り返っての「自分は何をしてきたんだろう」とわき起こってくるような後悔や怒り。そのパワーを自分のなかだけで終わらせず、みんなで分かち合い、認め合って、「なんとか変えていこう」「みんなで変わっていこう」というエネルギーに変える力をもっておられる。そして、それを継続していくために人が集う場所をつくってこられたんだなあと思うのです。

現在、私が担当させてもらってるのが車での送迎係り。今回のまるちゃんの入退院後、講演などでの移動は大変だろうと、また平日さくらちゃんに行けないこともあって、お役に立てればと申し出ました。そういう機会ならお仲間四人とお会いできて、車内は壁をつくらずに話せる場となっています。四人から「私たちのことを見送ってくださいね」と冗談を言われるたびに、日ごろのお元気さと男性の寿命から計算すると、「こちらのほうが先ですよ」と笑って返しています。今後はさくらちゃんをどう続けられるのかという関心もあって、そこでは自分は何ができるかを考えていきたいなと思っています。

さくらちゃん名物の「おいしい食事」(コロナ禍では個別盛りに)

第3章
おひとりさまこそ仲間づくり

四人寄れば文殊の知恵？

運がよかった！

私の日常は多くの人に囲まれていますが、基本はひとり暮らしですから、何が起きるかわかりません。今回、けいれんが起きたときに、もしひとりだったらどうなっていたのかと思うと、想像を絶します。

私は今回、大切な三人の仲間に助け出されました。彼女たちとは、もう10年以上のおつき合い。同世代で、みんな同じ介護経験者だからこそ助けてもらえたと痛感しています。

そして、もちろん主治医である長尾医師

フォー（4）エバーレディース（後列左から西村早苗さん、戸枚一枝さん、有岡陽子さんと前列まるちゃん）

の適切な指示があったからこそ。お風呂でのハプニングのあと、初めて長尾医師と顔を合わせたとき、「運の強さやで！」と力強い声をかけられました。もう感謝しかありません。

●『運の強さ』

(1) 長年現場を経験する長尾医師だったからこそ、即断・速攻で動いてもらえた。

(2) 救急車を呼ばなかった。長尾医師の指示で県立尼崎総合医療センターへ受診の依頼書が送られていたことで、個人の車で救急外来へ直行、即、受診できた。年末で脳外科の手術が集中していたが、手術が受けられた。（もし救急車で脳外科のない病院へ運ばれていたら……）

(3) 入浴した時間が午前3時だった。もし午後8〜9時などに入っていたら、入浴時間は10時間を超え、気を失っていたはず。

(4) 仲間とつながっていた。三人の仲間の連携プレーがあってこその救出。美容院を予約していたこともラッキーだった。

●救われたのは、息の合った連携プレー

つどい場には若い人の力も大事ですけど、やっぱりわかり合えるのは同世代です。彼女たちが介護で行き詰まって、さくらちゃんに来るようになり、それはさまざまな話を聞いてきたけれど、私ができるのはただただ聞くことのみ。

特に認知症の家族の介護については、経験していない人には理解されにくいもの。その経験者ばかりやから、余計にわかり合えるというか、まあ、本当の仲間です。

三人それぞれの介護中には、介護者として車イスでトイレに行って、本人を立たせ、便器に座らせ、きれいに後始末をする「トイレ介助」もすれば、おむつを替えたり、体を拭いたり、寝る向きを変えたり、ご飯を食べたり、……など、さまざまな介助を自分の身を削ってするわけです。

それがもう何年も、何十年もですから、人の体の扱い方が十二分に身についている人ばかり。その手際のよさと、三人の息の合った連携プレーで、私は助けられたと言っても言いすぎやないと思うんです。

しかも、長い介護中には、その時々に困ってることを、こと細かく話してしまい、自分なりの考え方や生き方までさらけ出すことになる。家族の関係性や家庭内部のことまで。それで、

その人の人となりまで知ることになるんですね。その分、遠く離れているきょうだいよりも、よく理解し合えているのかもしれません。

それがあっての仲間やから、関係が深くなるのは当然ですよ。

●つながれば百人力

三人との出会いは、西宮市社会福祉協議会（西宮市社協）の家族会「認知症介護者の会」でした。さくらちゃんを訪ねてくれた、ほかの多くの介護者と出会った場所でもあります。

家族の介護でいっぱいいっぱいになって孤立した人たちが、「介護のつらさを話し合えて、ちょっとでもホッとできる場所があれば」と参加するのが家族会。それだけに家族会の大切さを感じます。

介護保険制度がスタートして以来、介護保険の手続きなどに手をとられるからでしょうか、地域福祉の基盤である各地域の社協さんが、家族会を辞めてしまったところが多いです。でも私は、家族会こそが大事やと思うのです。

同じ時代に介護しているからこそわかり合える情報があり、介護をする人同士で唯一つながり合える場所。それぞれの介護の基盤になる場所なんです。

ですから、声を大にして言いたい。地域福祉を学んでおられる社協さんの本来の役割は、介護保険事業だけでなく、家族会を続けていくこと。お金にはならなくても、家族会を支えていく場所を提供し、人を置いて、会を継続してほしい。それが社協のあるべき姿かなと思います。行政のポスターのキャッチフレーズによく使われるじゃないですか？「地域でつながろう」と。人と人との深いつながりなんて、つながろうと言葉にしたり、思ったりするだけで、すぐにできるもんやありません。

家族会のような地域ごとの集まりがあって、多くの人たちと時間をかけて語り合う場があって、初めてつながっていけるということを再認識してほしい。社協さん本来の役割をなくさないでほしいです。

2 縁が縁を呼ぶ仲間たち

●「私にとって妹のような存在」

少し仲間のことを紹介させてください。

まず、有岡陽子さん。彼女は、認知症のお母さんが99歳で亡くなるまで、14年間在宅介護をしてきました。

西宮市社協の「認知症介護者の会」で初めて会ったとき、「つどい場をやってるのでどうぞ」と誘ったのですが、最初はさくらちゃんが胡散臭い場所かもと勘違いしていたようです。

ある日、介護に行き詰まった彼女から電話がかかってきました。

「本当に仲よしやった母が、私のことを忘れて自分の姉やと思い込んでいる。母にとって私が看るより、施設にあずけたほうがいいんじゃないか」

と、泣きながらの相談でした。

「それはお姉さんにしたほうが甘えられるからちゃう？　やっぱり実の娘さんが看るほうがいいんやない？　とにかく1回おいで」

と伝えました。彼女がショックやったのは、お母さんが大事に思ってるはずの自分を忘れてしまったことでした。

でもね。お母さんは「大事な娘に迷惑をかけたくないから、お姉さんに置き換えてはるんや」と思ったんです。看るほうも同じ介護をするにしても、とり方をちょっと変えてみるとラクになれる。

今の世のなか、認知症をすごく悪ものにして、認知症の介護はしんどいものというレッテルを貼ってしまっている。でも、ちょっと見方や考え方を変えたら、どっちもがラクになれる。

介護している家族がしんどかったら、看られている本人はもっとしんどいはずです。

それ以来、陽子さんはさくらちゃんに定期的に来るようになって、たくさんの介護仲間に出会い、介護でつらい思いをしているのは自分だけやないこと、いつでも来れる場所があるとわかったことで、前向きになっていけたようです。彼女が考え方を切り変えたことで、お母さんもラクになれたでしょうね。

あとに紹介する西村早苗さんや戸牧一枝さんが、同じように悩みながら介護していることを知り、相性も合って仲よくなっていけた。相性というより、ピタッとくるって感じかな？

介護講座にも参加して、介護の内容も変わっていったと思います。さくらちゃんのイベン

有岡陽子さんとお母さん

トや講演など、人前で介護について話す機会も増えて、明るくなっていきました。社会を変えていくには、人前で話して人に伝えるということがすごく大切なんです。

お母さんの認知症は進行していったけれど、困ったことがあれば仲間がすぐに駆けつけてくれるとわかってからは、安心できたのでしょう。「最期までお母ちゃんを看る」という決心もできました。

晩年には、お母さんもデイサービスの代わりに、週に1回さくらちゃんへ来はるようになりましてね。誰かがお母さんのお世話をしている間に、わずかな時間でも近所のお店へショッピングに行くのが、彼女の唯一の息抜きになっていました。

夜は毎回、私も一緒に車イスで串カツ屋さんや居酒屋さんに行って、外食を楽しみました。お母さんはビールが好きで、大きなジョッキからひと口、ふた口飲んでいい顔をされるんです。本当に楽しそうで、私もうれしかったです。

「おでかけタイ」にも毎回、母娘で参加。最後となったのが、99歳での沖縄旅行でした。その年が猛暑で、秋口からお母さんも少し弱りはってね。陽子さんは旅行に行くべきかどうかずいぶん迷ったけれど、周りのサポートもあって実現できた。昔から旅行が好きだったというお母さんにとって、いい旅になったと思います。

お正月は毎年さくらちゃんで過ごすのが恒例で、最期の年もさくらちゃんへ。食事の量は減りましたが、おせちもすき焼きもミルサーでペースト状にして食べられてね。たった1日だけおむつをして寝たきりになって、1月3日に静かに旅立たれました。

それも、陽子さんのお友だちやさくらちゃんの仲間が集まっての看取りでした。お母さんがひとりきりになる陽子さんを、「みんなに託しますよ」という遺言を残されたのやと思います。きっと「これで安心して旅立てる」と感じられたんやと。お葬式もたくさんの友人や仲間が集まって、さくらちゃんであげました。


私も長い間、一緒に介護させてもらって、私にとっての「お母ちゃん」でもあったのです。お母ちゃんがもってはる「おおらかさ、強さ」が大好きでした。

そして、いつの間にか、私自身の「お母ちゃん」にもなってしまってた。本当のことを言うと、あのお母ちゃんを介護できる陽子さんがうらやましかったです。

認知症についても学ばせてもらった。認知症のことを身をもって、わかりやすく教えてくれたのもお母ちゃんです。私にとってかけがえのない宝ものとなりました。

認知症の介護ほど素晴らしいものはありません。「痛い！」と言うことがあっても、すぐ忘れられるのが認知症。私の母は「痛い、痛い」ばっかりでしたから。
陽子さんのことは、もう身内というか、妹のような存在ですね。
今は私の監視役でもあり、さくらちゃんの総務全般をやってもらっています。

●「考え方も生き方も男前」

二人目は、いつも車に乗せてもらっている西村早苗さん。お父さん（夫）を25年間、四半世紀も介護してきた人なんです。

旅行会社を経営するお父さんが、51歳のとき脳卒中を発症して、右半身が不自由になられた。そのとき早苗さんはまだ49歳。二人の息子さんは大学生でした。

お父さんが社会復帰できるように病院に泊まり込んでの、それは献身的な介護だったようです。その成果なんでしょうが、早苗さんが付き添えば、一緒に出勤できるまでに回復されていました。

そこに突然やってきたのが阪神・淡路大震災です。家は半壊、お父さんも再出血して車イス生活が始まりました。

常に一生懸命な人なので、その反動は大きいですよね。心身ともに疲れ果て、その後の介護をどうしたらいいのか迷っていたころ、西宮市社協の「認知症介護者の会」で出会いました。

もちろん今のような明るい表情やなかったです。さくらちゃんのオープンのときから来られていたご夫婦です。

さくらちゃんにはいろんな家族が来られるけれど、親子介護と夫婦介護は全然違います。早苗さんは典型的な夫婦介護というか、本人の言葉によると、「夫婦は血がつながってないから、何でもできる」そうです。

特に早苗さんの場合は、当初は社会復帰を望まれていたから、「自分でできることは何でもしてもらう」と徹底されてたんです。私が感心したのは「着替え」です。たとえば、右半身が不自由なお父さんが、セーターとシャツを脱ごうとすると、ベッドの上でゴロンゴロンとしながら、口でくわえたり、引っ張ったりしながら上手に脱いで、シャツもきちんと着替えられる。早苗さんは一切手を出さないで、ずっと気長に待ち

西村早苗さんとお父さん（夫）

はるんです。できないところだけ、「お母さん」と呼ばれたらサポートする格好です。

本当に学ばせてもらった。すごいリハビリです。しかも、右半身が不自由な分、そのゴロンゴロンがすごく大きいので、一切便秘がない。一石二鳥でした。ある意味、「介護の鏡」やと思います。手を出せば早くすむけれど、じっと待ち続ける。世のなか、待てない人ばっかりですもの。旅行に行ったときも、早苗さんのおおらかな介護や、お父さんへの接し方は、すごくみなさんの参考になったと思います。

「甲斐甲斐しく」という言葉がありますが、その逆で細かく手出ししない。「してあげたらいいっていうもんやない」というのは、このご夫婦から学びました。

お父さんの口癖が「お母さん（早苗さん）がいい」やったんです。早苗さんは、お父さんにとって命綱。早苗さんの存在がなかったら、ご自分が生きていけないことを知ってはったから絶対服従でした。

家では早苗さんに頭が上がらず、早苗さんは「怖〜い人」。抑えてる分を施設で大声を出したりして発散されるんです。お父さんにとって暴れることができるショートステイは必要な場所やったけれど、断られる施設が多くて、困ってたのは早苗さんです。

そういった面もあれば、時々「泣かしてね」とさくらちゃんに来ては、ワンワン泣かれるのが早苗さん。何か聞きとれないことを吐露しながら、しばらく泣いて、それで浄化されるのか、スッキリされるんです。

介護の最中、63歳のときです。早苗さん自身が直腸がんで人工肛門になられてね。言葉では「大したことないの」と言ってても、その気持ちを夫にもわかってもらえない。自分のなかの無念さとか、いろいろ抱えてはるものがあったんやと思います。

でもお父さんの介護は、デイサービスとショートステイの介護サービスを上手に使って、その間に趣味のスクエアダンス（アメリカ生まれのウォーキングダンス）を楽しんだり、週1回はさくらちゃんでボランティアをしてくれたり、常に前向きでした。

2021年には、ペースメーカーの植え込み手術も受けられた。自分で「人工肛門にペースメーカーも入れて障害1級になった」と話していたけれど、お父さんも同じ障害1級やったそうです。「でもね、私は自分でご飯をつくって、自分で食べられて、自立できてる1級や」と、胸を張って言い切れる人。それが早苗さんやと思います。

悪いことも上手に切り替えて、メリットを見つけていける人。運転もキレがいいように、とっさのときの決断が早く、考え方が男前。何事も人のせいにしないで、自分の人生をきちっと生きてはると思うんです。

これは介護で培われた強さだと思う。介護することでいろんな人と出会え、そこで生き方も教えてもらえる。「介護は人を育てる」というのは、こういうことやと思います。


晩年は、お父さんが76歳で疥癬《かいせん》に感染されてね。人にうつるからと、2か月間も一切外出できず、二人だけ閉じこもっての在宅介護で、早苗さんの体が心配になるほど。でも、「できない」と言えない人なんです。

私たち周りがすすめたこともあって、最期の7か月だけ特別養護老人ホーム（特養）へ入所。77歳での平穏死でした。

早苗さんは「7か月とわかっていたら、家で看たかった」と今も悔やまれます。でも、最期はその特養に泊まり込んで、早苗さんが寝ている横でお父さんが静かに旅立たれて幸いやった。私は「その形」が、二人にとって理想的な旅立ちやったと思うんです。

最期に、早苗さんが寝ずに起きていたとして、ベッドの横で大事なお母さんに「お父さん、逝かないで！」とか言われたら、死なれへんでしょ？

しかもお父さんは、その特養で馬の合う介護職の男性と出会えたんです。最初は「早く帰りたい」とばっかり言われてたけれど、同じ阪神ファンの相性のよい兄ちゃんと出会えたら、特養がもう自分の居場所になってはった。

そんなふうに介護って、やっぱり人。馬の合う人にひとりでも出会えたら、自分が落ち着いていられる場所になっていくんです。

早苗さんは何ごとも自然体で、「忘れる名人」やけど、私たちの頼もしいリード役でもあります。

●「にぎやかすぎる仲間の調和役」

三人目は戸枚一枝さんです。

一枝さんのお父さん（夫）は若年性アルツハイマー型認知症で、8年間介護して在宅で見送られました。

認知症の症状が出始めたのは62歳ごろから。近所のクリニックで診断されてからは、すぐに抗認知症薬の投薬が始まって、昼夜関係なく徘徊が始まったんです。

抗認知症薬は神経の伝達効率を上げる薬のようで、人によっては効きすぎたりする場合があって、さじ加減がとっても大切やと聞いています。それが数年前までは、2週間後、4週間後と定期的に増量される仕組みになっていたので、お父さんには効きすぎて興奮されたんやないでしょうか。

しかも、まだ60代と若いので、昼夜関係なくどんどん歩いて行かれる。一枝さんは「お父さんが警察のお世話にならないように」と、ついて回る日が続いて疲れ果て、倒れたこともたびたびあったようです。

若い人は体力があるから、朝から夜中まで歩いても体力がもつんです。若年性認知症でも、家族が困るのは徘徊のある要介護度の低い人で、家族ひとりだけの介護じゃ無理。はっきり言って要介護度が4～5の寝たきりの人より、要介護度の低い徘徊する人のほうが人手が必要です。

そういう人の所にこそヘルパーさんが入ってほしいのに、介護保険では使えない。今、若年性認知症は30代の方も増えていますから、システムが早く変わってほしいと願っています。

その分、近所や商店の人とつながって、トイレに寄らせてもらったり、休ませてもらったりする場所が必要です。それには、世間の理解も必要で、地域にサポートセンターなどをつくっ

戸枚一枝さんとお父さん（夫）

てほしいと思っています。

お父さんの徘徊が始まって1年後には周りも見かねて、精神科病院へ入院することに。そんなころ、西宮市社協の「認知症介護者の会」で私と出会って、すぐにさくらちゃんに来られるようになりました。

すでに来られてた早苗さんたちの介護体験を聞いたり、アルツハイマーについて勉強したいと、学びタイなどにも積極的に参加してね。それで介護する覚悟ができたようでした。

その後、お父さんは一時的に入所していた介護老人保健施設（老健）から再び精神科病院へ移され、10日間の入院で別人になってしまわれた。薬の影響でしょうが、会話ができなくなり、表情もなくなってしまったのです。

でも、いろいろ勉強した一枝さんは、精神科病院から早く特別養護老人ホーム（特養）に移してあげたいと探し回って、納得できる特養へ入所。そこではさくらちゃんで学んだことを生かして、「寝たきりの老人に、今の薬の量では多すぎるじゃないか」ときちんと医師に申し出て、実際に減らしてもらえることができたんです。

時間はかかったけれど、お父さんは徐々に元気になって、ミキサー食から普通食が食べられるようになられた。薬については、家族が気づいて医師にきちんと伝えることが大事です。だから、いつも「家族が利口にならないといけない」としつこいくらい話すのです。

それからは、夫婦ともに旅行好きなので、おでかけタイにも参加して、もっと大変な介護をしている人の話を聞いたり、ホテルで同じ部屋になった人と仲よくなったりで、介護仲間ができていったと思います。


特養には1日おきには面会に行かれてたけど、ある日、相談があったんです。「お父さんは家が好きやから、デイサービスやショートステイとは逆の『施設から家に1日帰ったり』『家に数日泊まったり』をやってみようかな?」

と。いいアイデアだと思ったんです。

「ええやん、やろうよ! それって、逆デイサービスと逆ショートステイやん!」

と即答しました。

こういうときは後押しも大事なんです。思いついても自分ひとりでは不安やけれど、人に肯定してもらえれば踏ん切りがつく。それも介護している仲間に言われるとできるんですよ。特養でも外泊届けを出せば、問題なく了承されたようです。

私は「施設が×」で「在宅が○」とは思わない。逆でもないんです。

大切なのは家族の思い。本人がどこにいるのが「この人らしいかな？」と考えたときに、「施設や」と思ったら、介護者は施設に面会に毎日通えばいいし、在宅やったら、在宅を支えてくれる医療とどれだけつながれるかです。

気の合うかかりつけ医や訪問看護師さんを探して、つどい場などで在宅介護をやってる仲間も見つけてね。「あの人がやってるなら、私もできるかな」と思えることも大事です。

最期にお父さんが急変されたとき、一枝さんはすぐに「家に連れて帰ろう」と決めてね。「在宅介護を頼みたい」と私に電話があったとき、私は新幹線のなかでした。とりあえず長尾医師に頼んだら、ケアマネさんがすぐに駆けつけてくれて、細かい手配をしてもらえました。

だからこそ、日ごろからどういう人とつながっているかが大切。何もないと、すぐに手配なんかできません。それと、「家に連れて帰ろう」という行動にすぐに移せるかどうか。それは家族への思いの強さ・弱さと関係するのかな？　周りの後押しも大きいです。

家に帰って4日目に旅立たれたけれど、満足のいく最期やったと思います。生きている間にお風呂に入れて、「ああ、いいお湯やなあ」と思えるのに越したことはない。そして、もちろんたくさんは食べられないけれど、「おいしいなあ」と思えるものが食べられたら最高やと思います。

一枝さんはいつもニコニコ温和で、もめごとの多いさくらちゃんでの大切な調和役です。

この仲間四人で映画を観に行くこともあれば、私の講演に付き添ってもらったり、カラオケに行ったり。かかりつけの長尾クリニックにも四人で一緒に診察に行くので、「一度に四人分すんで助かるわ」と喜ばれます。

3

「みなさん、どういうご関係ですか？」

有岡陽子さん

●「まるちゃん大丈夫やで！」

2021年の10月末、「もしかして」と思っていたことが起きました。

まるちゃんの左のてのひらに青アザができているのに気づいたのは、10月20日です。

「あれっ、まるちゃん、左手どうしたん？」

「この間、仕入れに行ったとき、三宮駅の前でまたこけてしもてん」

いつもどおりこちらから聞かないと、自分からは何も言わないのがまるちゃんです。よく見ると左膝も打ってるではないですか。左手が不自由で使いにくそうにしているのは、そばにいるだけでわかっていました。

それから5日後のこと。左手がしびれ始めて感覚がなくなったようで、モノをつかもうとしても、ポトンポトンと落としてしまうのです。

「まるちゃん、左手が変やなあ」

そばにいた西村早苗さんが、まるちゃんの左手を確認するようにさわってみると、手のひらが勝手にピクピクと動く感じで、どう見ても正常ではありません。

すぐにリハビリに通う整形外科へ行き、まるちゃんの検査をしてもらいました。また長尾医師のすすめで、28日には兵庫県立尼崎総合医療センターの脳神経内科で、詳しい検査も受けることになり、有岡、西村、戸枚の三人が付き添いました。

病院では難しい名前の病名を告げられ、次回の再検査の日程も決まって、とりあえず四人でさくらちゃんに戻ったのです。

四人で軽い昼食をとったあと、私はまるちゃんの体調が心配で、「今晩、泊まるね」と伝えましたが、まるちゃんは迷惑をかけたくなかったのか、頑なに「イヤ!」と断るのです。早苗さん、一枝さんは夕方4時ごろ帰ることになりましたが、その日はなぜか気になって私は5時まで残ることにしました。

ちょうど洗濯機の修理に電気屋さんが来られた、そのときです。何気なく振り返ると、まるちゃんが全身けいれんを起こしていました。よだれをたらし、意識が遠のいていくように見えました。

私はとっさにまるちゃんを抱きかかえ、

「大丈夫やで!」「大丈夫やで!」

と叫んでいました。とにかく安心してほしかった。けいれんは3分ほどで止まりました。

その瞬間です。長尾医師から電話が入り、状況をそのまま伝えると、すぐに県立尼崎総合医療センターの救急外来へ行くように指示されました。そのまま早苗さん、一枝さんに再度、さくらちゃんに来てもらうように連絡。早苗さんの車で救急外来へ駆け込むことができました。

まるちゃんはすぐに救急治療室に入れられ、一人だけ付き添うように言われたので私が入ることに。診察を待っている間に、また全身けいれんが起きたので、すぐにナースコール。

私は外で待つように言われて、早苗さんたちのもとへ行きました。そのときの私たち三人はかなり長い時間、外で待ちながら、不安と動揺で押しつぶされそうでした。

日も沈んで暗くなったころ、ようやく看護師さんが来られ、

「さっきもすごいけいれんを起こして息が止まりそうだったので、酸素吸入をしました」

「しばらく入院してもらうことになりましたから」

と告げられたのです。

その後、三人でまるちゃんのベッドのそばに移動すると、そこで看護師さんに聞かれました。

「みなさんは、どういうご関係ですか?」

70歳過ぎ一人に、80歳前の二人、計三人です。即答に困って、「仲間というか、身内以上の関係です」と伝えると……。

ベッドに寝ているまるちゃんが、いつも自分のバッグに入れている、「さくらちゃんのパンフレットを見せたら?」と目配せするように、小さな声で「パンフレット(を出して)!」と言うんです。

それで、そのパンフレットを看護師さんに渡して、

「こういうことをしている人なんです。私たちも介護中に助けていただいたんです」と説明しました。

看護師さんたちは、「ああ、いいですね。うらやましいです」と感心されていました。

それからエレベーターで病室のある上の階へ移動。「ここで会えなくなりますから」という看護師さんの説明に、まるちゃんは小さな声で「うれしっ!」とひと言。いつも反対のことを言う人なので、「ああ、まるちゃんやな」と改めて思いました。

その後、私たちは入院申込書、診療誓約書、連帯保証書、検査の同意書など何枚もに記入して、入院手続きを終了しました。

帰りに、看護師さんから「何か要望はありますか?」と聞かれ、「自分からは『これをしてほしい』とか、なかなか言わない人なので心配しています」と伝えました。こちらの心配の度合いが伝わったようで、看護師さんは「大丈夫ですよ、大丈夫ですよ」と繰り返されました。

帰り道、三人だけの車のなかは緊張感と不安感であふれていました。

「まるちゃん、きっと障害をもって帰ってくるよね。でも、施設や病院へまるちゃんを入れたくない」と私。

二人も「そうやね」と同意しました。

私は母の14年間の介護で、いろんな施設や病院の現状を見てきました。正直、「つどい場さくらちゃん」という団体をひとりで切り盛りしてきたまるちゃんを、そういう場所に入れることは耐えられませんでした。

「とりあえず、さくらちゃんで私がまるちゃんを看るから」というのが、口から自然に出た言葉です。二人も「私たちもできるだけ協力するから」と。

帰宅したら、夜中の2時を回っていました。

●「遠い親戚より、近くの仲間たち」

私は大好きな母、双子のようだった母を、「私が最期まで看たい」という強い思いで長年介護してきました。今回、まるちゃんを看ると決めたのは、そういう感情と似ています。理由があるわけじゃない。母がまるちゃんにお世話になったからでもありません。

まるちゃんと私は誕生日も同じで、なぜか深いつながりを感じてしまうんです。大変なことを引き受けるということも、半端な気持ちではできないこともわかっています。でも、引き受けるしかない。しなければ後悔すると思いました。まるちゃんに対して、なぜそういう感情をもつのか、今の私にはわかりません。

10日間の入院を終えて病院へ迎えに行ったとき、「ちゃんと歩けて、左手も普通に使える」まるちゃんを見て、「ああ、よかった!」と胸をなで下ろしました。さくらちゃんに帰宅後、まるちゃんは「もう大丈夫」と言ったけれど、私は放っておけず10日ほど泊まり込みました。

まずは部屋の掃除からです。さくらちゃんは一軒家で、1階はみんなが集まる「つどい場」と、台所、事務室、6畳の和室です。

まるちゃんは2階の一室を寝室にしていましたが、整理が苦手なうえ、モノが捨てられない性分です。しかも、20年近くつどい場をひとりでやりくりしてきて、自分の部屋まで片付ける時間などありませんでした。

遠方への講演活動で疲れても、帰宅すれば次の日のランチの仕込みをして、伝票を書き、介護相談を受け、メールの返信をするという日々。部屋を片付ける余裕などありません。

講演のたびに移動し、宿泊するためのスーツケースやカバンも数えてみると5～6個ありました。ときには帰宅して翌日、早朝から出なければいけないということもあって、予備として置いていたものが増えに増えたようです。とにかく1階で生活できるように、部屋を片付けて不要なモノは始末しました。

一緒に暮らし始め、まるちゃんは病み上がりですから、洗濯や食事、掃除など日常の家事は、自然と私がするようになっていきました。でも数日たつうちに、所在なさげなまるちゃんを見て、私のペースになってしまっていることに気づいたのです。洗濯一つにしても自分のやり方で通していました。

「まるちゃんのできることを奪ってしまってる」と感じた私は、まるちゃんにその思いを伝えました。

すると、まるちゃんから返ってきた言葉が、

「ちょうどあなたに話そうと思うてたの。用事をみんなしてくれるのは助かるし、うれしいんやけど、それに甘えていく自分が怖い。もっと先でしてもらわなあかんことはあるやろうけど、今は自分でできることは自分でやらなあかんと思うねん」

それでハッと気がつきました。

それから「今後、どうしたいか」をきちんと決めようと話し合い、これまでは夕方には帰っていたのを、「夕ご飯がひとりではね……」と言うまるちゃんの言葉から、夕食も一緒に食べることにしました。

もちろん早苗さん、一枝さんの二人も、頻繁に手伝いにきてくれます。私がこうして家族のように尽くしてしまうのは、まるちゃんの欠点も含めてすべて好きやし、大事だからなのだと思うんです。しないと自分の気がすまない。「やりすぎかな」と思うときもあるけれど、回答はまだわかりません。

私たち四人の関係って特殊やと思います。こういう関係になろうと思ってできるもんじゃないし、もう縁としか言いようがない。早苗さんと一枝さんは、私をバックアップしていきたいと言ってくれています。

こういう関係を「遠い親戚より、近くの仲間たち」というのでしょうか？

第4章
老いよ、かかってこい！

老いをド――ンと受け入れよう

正直、入院するまでは、自分の「老い」に対して自覚はありませんでした。

しかし、実際に病名をつけられ、「病院のベッドは寝にくいなあ」などと不平を言ってる自分に対して、遠くにしかなかった老いがこっちを向き始め、その老いをヒタヒタと感じるきっかけになりました。

老いるということは、こうした「入院」などの出来事が実際に起きないと、なかなか受け入れられないもの。かつて10年間で家族の介護をしてきたとはいえ、やっぱり人ごとです。自分ごととなって、いちばん難しいのが、自分の老いを受け入れることでした。

亡くなった母が口癖のように「年はとってみな、わからん」と言うてましたが、今になって本当にそうやなと思います。若いときに想像しての「年をとること」と、実際に自分がだんだん年をとり、老いてきての思いとは、ちょっと解離しています。

とはいえ、世間でよく言われるように、「老いがやっかいなもの」とは思いません。なぜなら、まだ老いの「やっかいさ」なんて体験したことがないんやから、どちらかというと「ワクワク」です。

今回の入院で手術室に入るときにも、思わず「ワクワク！」と言ってしまいました。これは自分の素直な気持ちです。だって、この私が手術なんて、白内障以外は初めてです。怖さよりも、私はワクワク。「本当に変わっている」と言われるけれど、未経験のことが経験できるなんてすごいこと。老いも未経験だから思うのです。

「老いよ、かかってこい！」と。

人は毎日、毎日、老いていく。老いを受け入れるのに大事なポイントは、次の3点ではないでしょうか。

❶ 主治医選び

現実問題、医者選びは本当に難しいです。白衣を着ている人がすべて、患者側に立って診察、指導してくれる医者とは限りません。大切なのは口コミ。つどい場のように介護でつながっている場には、実にさまざまな人が来られ、どの医者がいい、悪いの情報が集まります。お近くの介護者の集まる場所で、情報を得るのがベストです。

❷同世代の仲間とつながっておく

どんなに健康な人でも老いていけば、必ず人の世話になるときがきます。家族がいるから大丈夫と胸を張って言える人はいいけれど、介護ではこれまでの親子の関係性が顔を出してきます。家族でも介護に向いている人と向いてない人がいる。介護をやる気のない人に、介護してもらうほどつらいことはありません。

特にシングルの人は、つどい場やサークルなどを通して、何でも相談できる人と仲よくなって、つながっておきたいものです。

❸「きょういく」と「きょうよう」

「きょういく」とは、「今日、行く」ところがあること。「きょうよう」とは、「今日、自分が必要」とされる存在であること。自分が果たす役割があることです。

あなたは、「今日、行く」場所はありますか？　老いを感じながらも、何か自分が楽しめることを探しましょう。

・お気に入りの喫茶店や街角カフェに行って、話ができるマスターやママと仲よくなる。
・趣味を活かして、山歩き、野菜づくり、町の花壇づくり、ヨガ、ゲートボールの会、俳句や詩吟の会に顔を出すのもあり。

・英会話教室や文学教室にチャレンジするのも、頭が使えて仲間も見つかるはず。
・古い商店街や空き店舗、空き家を利用して、つどい場を始めてみるのも面白そう。
・土いじりが好きなら、介護が必要になっても、草花や野菜の世話ができるデイサービスを選べば、通所も楽しみになります。

また、あなたはどこかで「今日、必要」とされていますか？
・行く場所があって、周りの人と話し、横のつながりができていくと、必ずあなたが必要とされます。
・高齢になっても家族のご飯づくりをしている方は、家族にとって必要な存在です。
・各種ボランティアに参加して、あなたの役割を見つけるのもいいですね。

ほかにも、ひとり暮らしの高齢者の話し相手、高齢者施設での生活サポーターや食事づくり、無料学習塾の学習支援、子ども食堂のお手伝い、手づくりが好きな人は布ぞうりづくりなど、探せば何かとあるようです。

たとえば、さくらちゃんの「見守りタイ」は有償ボランティアの一つ。介護保険では扱われない、介護者が買い物や用事で外出したいときや、介護疲れでリフレッシュしたいとき、また介護される本人が病院に付き添ってほしいときなどの見守りも大切な役割です。

2 老いを面白がろう

老いとはいえ、60代の老いと、70代の老いはまったく違います。「顔が浮かんでるけれど名前が出てこない」「もの忘れが増えてきた」「顔のシワが増えた」なんてまだかわいいもの。60代の老いは「ヒタヒタ」程度ですが、70代の老いは「ズシン」とやってきます。

顔のシワどころか、「身体中の皮膚のシワがよる」「夜、続けて寝られない」「人のことは気にならない」「もの忘れは当然のこと」「忘れたことにも気づかない」、さらに、「腕が上がらない」「膝が痛い」「腰痛で歩けない」「階段を上がれない」……、そのうち目が見えにくくなり、音も聞こえにくくなっていくのでしょうか。

まあ老いて、はっきり見えなくなるのも、聞こえにくくなるのも、見なくていいものや聞かなくていいものに蓋をしてくれる、神様からの一つのプレゼントかもしれません。

買い物だってだんだん億劫になる。若いころは見て歩くだけのウインドーショッピングだってワクワクしたでしょう。でも、体力が落ちるうえに気力も追っつかなくなって、あっちの店を見てこっちの店ももう1軒なんて、もう無理！　必要なものだけを買いに行くということになってしまいます。

不自由を感じるから老いを自覚するわけですが、私はできなくなることを「面白がったらいい」と思うのです。できなくなるのはマイナスイメージで、つらくて悲しいことやけど、それもとらえ方一つ。できていたことができなくなるって「面白いやん」と発想を変えたら、「楽しいやん」になる。悲しい気持ちにはなりません。

日本人って基本的に真面目やから、面白がる、笑う、逆手にとって楽しむとかを悪いこととととらえがち。でも、年をとったからこそ、そこを面白がり楽しんだらいいと思うんです。

同じ老いるなら何でも楽しまないと損。食べ物一つとっても、いつまでも自分の歯でおいしく食べるには限りがある。じゃあ、食べたいものがおいしいと感じられるうちに、しっかり食べておこうじゃありませんか。

人によっては、老いてお金を残すことが豊かととる人もあるだろうけれど、私は同世代でつながる仲間を大事にしたい。いっぱい人と話したり、人の話を聞いたり。仲間ほど暮らしを豊かにする財産はありません。

少し脱線しますが、私たち以上に「面白がってほしい」のは、介護職の人たちです。私が常々気になっているのが、今の介護職は「笑ったらいかん」といった具合に、なぜか生真面目で暗いタイプの人が多い気がします。

もし私なら、そんな暗い顔をして介護されたらたまったもんやない。面白がるというのは、ちょっとしたことでも笑いに代えること。それを茶化すとか、不真面目ととっている場合やない。周りを巻き込んで笑いが起きていけば、周りも楽しい気分になれるし、つながりもできていく。真面目もいいけれど、「もっと面白がろう」と言いたいです。そうすれば、老いて介護が必要になっても、介護を受ける側もラクになれる。

私だって、いつデイサービスのお世話になるかわかりません。私はそういう介護をしてほしいし、もっと笑いに染まってほしいと思う。介護の現場こそ笑いのセンスが必要です。

日本人にいちばん欠けているのは、ユーモアのセンスとよく言われるじゃないですか。ちょっとしたユーモアは、ピリッと効かせるスパイスみたいなもん。そういうのを身につけた人が本当の大人やと思います。

3

老いを見せ、書いて、伝えよう

老いは避けられないもので、誰にでも必ず平等にやってきます。そして、残念なことやけど、徐々に人にしてあげることが減って、してもらうことが増えていく。「しゃあない」ことです。でも、気をつけないといけないのが、自分でできることは時間がかかっても自分ですること。ゆくゆくは、ご飯を食べるのもゆっくりになって、服を着るのも時間がかかるようになるかもしれない。でも、残存能力を生かして人間らしく暮らすには、自分で「何でもやってやる」という気持ちが大切です。

と言いながらも、私の退院後、周りのみんなが気をつかって、何かと手助けをしてくれました。してもらって「ありがたい」のが大前提ですが、その一方で、「私もできるよ」と言いたい。だけど、そのひと言が言いにくいんです。しているほうは、いいことをしているから満足感がある。本当に微妙です。

しかし、もっと老いて本当にできなくなったら、ちゃんと甘えようと思っています。いつも仲間から「甘え下手」と言われるので、もたれすぎてもあかんけど、年やから「しゃあないやん」というところで、甘え上手になることも大事かなと思ってます。

老いの延長線上には、死も必ずやってきます。高齢になると、よく耳にするのが「子どもに迷惑をかけたくない」という声。なぜですか？　私には子どもがいないけれど、親として愛する大切な子どもに最後にできるのは、自分の老いゆく姿、ボケゆく姿、死にゆく姿を見せることです。

子どもたちのために、自分がやり残したことや伝えたいことをまとめて書いておきましょう。

「自分は今まで何を大切にして生きてきたか」

「自分が病気になったら、どんな医療を望むか・望まないか」

「延命治療をするか・しないか」

「ご飯が食べられなくなったら、どうしたいか」

「意思決定ができなくなったら、誰に任せたいか」

「どのような最期をどこで迎えたいか」

これは、数年前から盛んにいわれている「ＡＣＰ（アドバンス・ケア・プランニング＝人生会議）」と同じです。

家族そろってＡＣＰについて話し合ったりはなかなかできませんが、こうして書き残して伝えておけば、家族も思い悩むことなく自分が望む最期を迎えられます。その経過を、その姿を見せることは、子どもたちへの大切な「死の教育」になり、かけがえのない「財産」になるはずです。

4 老いの知恵をつけよう

長寿国のトップクラスとなった日本。戦後、日本人の平均寿命は60代でしたが、それが人生80年になり、いまや１００年時代といわれるやないですか。それだけ長生きになったということは、もう認知症になるのも、介護が必要になるのもセットです。

誰にも避けられない老いやからこそ、70代になったら老い方について自分で検証しておくことも必要かなと思います。これまで年寄りと一緒に暮らしたことのない人は、老いが「ぶっつけ本番」でやってきますから。

私の家には、物心がついたころから、オババ（父の母）がおりました。30歳そこそこで夫に先立たれ、女手一つで四人の子どもを育ててきたのですが、唯一の趣味が「嫁いじめ」。私は、毎日オババにいじめられて泣く母の背中を「よし、よし！」とさすりながら、なぐさめていた小学生でした。

そのオババの口癖は、「嫁の世話には絶対ならん！」。それやのに、60代後半から86歳で旅立つまで、しっかり母の介護を受けました。「脳梗塞」を発症して、激しい認知症の症状が出ていましたが、七人家族でしたから何とか在宅介護ができたのです。

本人も本人なりに工夫をするのです。元気なころはスタコラ歩いていたオババが、次第に何かにつかまりながら歩くようになり、それもできなくなったら、畳に敷いた布団からはい出して、少々の段差も乗り越え、トイレもお風呂にもはって行き、ひとりで用をすませていました。

また、食卓でお箸が使いにくくなると、手づかみでむしゃむしゃ食べていました。今の時代なら、トイレも、お風呂、食事も要介助です。その介助が本人のできる能力を奪うことになるのです。

85歳になったオババは、はい回る暮らしのなかで大腿骨を骨折して入院することに。認知症の症状があったので、病院から「24時間の付き添い」を求められました。でも、オババはボケていながら母の介護は拒否するので、20歳の私が泊まり込むしかありませんでした。

病院の二人部屋でオババのベッドの横にボンボンベッド（簡易ベッド）を置いて、私は1日も家に帰ることなく、半年間泊まり込みました。

退院後、自宅に戻ったオババは寝たきりに。当時、母には体位変換（介助者が要介護者の体の向きや位置を変えること）などの知識がなく、オババは母に体をさわらせることもしませんでしたから、しばらくして腰の褥瘡《じょくそう》が悪化して86歳で他界しました。死後、オババの布団を上げると、下の畳まで腐っていました。憎しみ合っていたオババと母でしたが、母は母のできる介護を最期まで行っていました。

このオババの介護こそ、私の介護の原点。罵声と涙の日々のなかで、家族の役割や老いるということ、そして人の生き死にの実態を学ばされました。

私はオババの老いからよさも醜さも見てきました。昔の人は誰に教えてもらうわけやなく、生きるための知恵を使っていたのです。

お箸が持ちにくくなったら、手づかみで食べれば、自分のほしいものを、自分で食べられる量だけを、自分で口に入れることができるのです。

でも、今の若者に話すと、きっと「手づかみなんて汚い」と言うはずです。ただ見た目だけでなく、なぜ手づかみがいいのかを考えてほしい。生きる手段なんだと知ってほしいです。

昔、長生きをした人は知恵者でした。昔の人の生きるための多くの知恵は大事にして、今の時代に生かすべきやと思います。

少し話が変わりますが、若者も見習いたいです。

私もそうでしたが、最初にスマホが出回ったとき、「あんなもん使えるかいな」と思っていたのです。おばちゃんには電話ができるガラケーで十分やと考えていました。

ですが、いざ使ってみると、使い方次第で新しい体験がいっぱいできます。いつでもできるメールやＬＩＮＥはもちろん、映画も観られるし、長く会ってない人と、あるいは遠くに住む人と顔を見て話ができます。

コロナ下では病院での面会もなかなかできませんでした。でも、スマホを使える人は、必要なときに家族や友だちの顔を見ながら話ができます。暇つぶしに映画やＹｏｕＴｕｂｅも観ることができるのです。

さくらちゃんの「学びタイ」でも、いまやオンラインで毎月の介護講座や、年に1回のかいご楽快《がっかい》も開いていて、便利さを実感しています。

老いた人間は、こうした新しいツールは苦手ですが、若者から学んだらいいと思うのです。若者が高齢者を育てるのもありかなと思います。

「あんたら知らんねんから、若い子が育てたんねん」という喜びを、若者に味わってもらったらいいと思う。

「若者よ！　身近な親や近所のじいちゃん、ばあちゃんに教えたってください」

また年寄りも、そこは素直に「ホンマにややこしいわ」「わかるように教えてな」と言えないとあかん。頭を下げて、若者の言葉を気持ちよく受け入れること。そのほうが年寄りも得ですやん。

5

介護され上手になろう

「もし自分に介護が必要になったら」と考えたことはありますか？

私は今回、何の準備もないまま突然、介護される身になって感じたのは、周りに一生懸命尽くしてもらうと遠慮が出てきて、なかなか「ノー」が言えないこと。

「ケアされ上手」になるには、変に意地を張らず、格好をつけたりしないで、「してもらいたいこと」「自分でできること」を、いかにうまく相手に伝えられるかやと思います。もちろん「ありがとう」

という言葉を添えて。

そして、ある程度の年齢になったら、「いずれ介護される身になるかもしれないんや」と心の準備も必要です。自分の体にもいつか変化が起きるだろうと自覚して、「もし体が不自由になったら」「もし認知症になったら」など、具体的に想定しておくのも大切やないでしょうか。

そのときは、どこの病院やクリニックがいいか、本音が聞けるつどい場などでリサーチして、一度診察してもらってみるのも大切なポイントです。

私は認知症の専門医との交流もあるので、お願いしたい先生は決めてます。専門医によると、認知症になったときにもっとも大事なのは、安定した生活が送れることだそう。まず、信頼できる専門医を探して、早いうちに医師を中心に訪問看護師や介護職などのチームを整えて、生活面、心理面で安定することで、少しでも進行を遅らすことができるようです。

身近な人に「もしものとき私はこの先生にかかりたいから、上手にやさしく誘って連れて行ってな」と伝えておくのも、介護され上手になれる裏技かもしれません。

仕事のベースにあるのは、まるちゃんの教え

グループホーム・サービス管理責任者
森本文雄さん（63歳）

ボクが初めてまるちゃんと出会ったのは、日本在宅ホスピス協会の大会後の懇親会・二次会の会場でした。狭くて薄暗い店に医療関係者がいっぱい集まり、立って雑談するなかで、スポットライトを浴びるかのようにひとりのおばちゃんが丸テーブルに座っていて手招きをしてくれる。得体の知れない人と思って近づいたのがまるちゃんでした。

その間もいろんな医師が、「おー、まるちゃん」と次々声かけしてくるなか、暗がりで名刺交換をしたら、「つどい場さくらちゃん」の文字だけが目に入って、勝手に「医者たちが通う場末のスナックのママなんや」と思い込んでしまった。そのイメージのまま2か月後に実際のさくらちゃんを訪ねて「介護のつどい場なんや」と気づき、そのギャップは大きかったです。

当時のボクは、いわば大手企業のエリートコースを自ら辞して、介護職に転職。介護老人保健施設で6年ほど基本を学んだあと、大阪市西成区の労働者向け宿を改装した住宅型有料老人ホームで働いていました。そこは人間の尊厳とはほど遠い、一般の人には想像もつかないようなすさんだ現場で、ボク自身、プライドも何もない状態になっていたのです。初めて訪れた日、まるちゃんの「今まで家族を対象に考えてきたけれど、これからは介護職が疲弊していく」という言葉が印象的で、週に2～3回通うようになりました。

まるちゃんは聞く力がすごい。傾聴に抜きんでた人で、質問などせず、ただ相手にしゃべらせる。頭がめっちゃキレるんです。ボクはたまってるものを吐き出して、どれだけ気分的に楽になったことか。さくらちゃんでは初日に長尾和宏医師とも出会い、先生の認知症大学もまるちゃんに紹介されて通うように。その出会いから日本尊厳死協会関西支部の理事にまでなってしまいました。

ボク自身、介護現場で死を見続けてきて、人は最期をどう迎えるのかが、だんだん見えてきた時期です。人は死の数日前に元気を取り戻し、ご飯が食べられるときが必ずある。そのタイミングに周りの人たちに最期の別れをさせてあげれば、みんなが納得できる見送り方ができることがわかった。並行して認知症大学で尊厳ある死などを学ぶなかで確信がもてるようになり、理事を引き受けました。仕事の範囲も介護だけでなく医療や福祉の領域に広がっていきました。

ボクにとって会社員を辞めたのが1回目の分岐点、2回目の分岐点がさくらちゃんに出会ったこと。ここを知らなかったら、今どうしていたことか。現在は精神科病院系列の障害者施設で、日々地域の方と連携しながら楽しく仕事をしています。運営に携わるなかでベースにあるのは、「地域との連携の大切さ」や「間違いは正すべし」などといったまるちゃんから学んだもの。まるちゃんの行動を見て、聞いて、真似ていったら面白くやれるんです。独自に勉強したことを、わかりやすい言葉に代えて教えてくれる大きな存在です。

第5章
慢性硬膜下血腫って？

長尾和宏医師

1 慢性硬膜下血腫はこんな病気

今回、まるちゃんが発症した慢性硬膜下血腫とは、どんな病気なのか？　認知症と間違えられやすいって本当？　また、高齢者のてんかんと、子どものてんかんはどう違うのか？　兵庫県尼崎市で外来診療から在宅医療まで、「人を診る」総合医療を続ける長尾クリニック・名誉院長で、まるちゃんの主治医である長尾和宏医師に聞いた。

長尾和宏医師

高齢者なら誰にでも起こり得る、ありふれた病気

慢性硬膜下血腫とは、頭蓋骨の内側で脳を包む硬膜と、脳の表面との間にゆっくりと血液が溜まり、血腫ができて脳を圧迫する状態をいいます。

歩行障害や尿失禁に加えて、認知機能の低下が1～2か月単位で起こってきた場合、いちばんに疑うのが慢性硬膜下血腫です。

これは頭部を打撲したあとに起こりやすいことで有名ですが、高齢者なら打撲歴がなくても起こり得るありふれた病気です。認知症と鑑別を要する代表格です。

ですから、「認知症じゃないでしょうか」と診察に来た人やご家族に、「症状はいつからですか?」と聞いて、「割と最近です」と答えが返ってきたら、それは慢性硬膜下血腫かも。歩き方が変だという症状もあれば脳梗塞なども疑いますが、まずは慢性硬膜下血腫を疑うのが鉄則で、すぐにCT検査をします。

ただ慢性硬膜下血腫は、比較的ありふれた病気の割に、診断にたどり着くまでに回り道をするケースがあります。CTを撮ればすぐ判るのですが、大病院だと検査まで2週間かかることがあったり、診察時に医師がそれを疑わないこともあります。

認知機能低下の訴えには、アルツハイマー型認知症かなと考えたり、あるいは、歩行障害があるとパーキンソン病や大脳皮質基底核変性症、はたまた脳梗塞かなと思ったり、尿失禁があれば泌尿器科で過活動膀胱を疑ったり、ふらついていたら目まい症じゃないかと耳鼻科に回されたりといった具合です。

CTを撮るまで意外と時間がかかる場合が少なくありません。最初に診る医者によってかなりばらつきがありますね。

また、専門医は別ですが、現実的には一般内科医などでCTを撮っても見逃されることがあり得ます。

血液はCTでは白く写るんですが、時間がたつにつれ淡くなり、脳と同じ濃さに近くなるので、稀に見逃すケースもあります。左右両方に血腫がある場合もあって、それも非専門医だと見逃されることがあります。

原因は転倒だけでなく、知らない間に起きることも

慢性硬膜下血腫は、転倒して頭を打った既往がある場合が多いのですが、転倒エピソードが明確でなくても起こり得る病気です。

まず、高齢者が頭部を打撲してから2週間～1か月後、遅い場合は2～3か月後に判明する場合があります。打撲した側にできることもあれば、反対側にできる場合も。

ただ、人は少し頭を打ったくらいなら、すぐに忘れてしまうことが多いです。また転倒はしなくても、歩いていて柱などに頭をぶつけた程度でも起きる病気です。

さらに、特に心当たりがないのに、いつの間にか血腫が生じるケースもあります。血管の老

化や脳の萎縮に伴い、細い血管が切れてしまうのではないでしょうか。

まるちゃんがけいれんを起こして入院したとき、大脳皮質基底核変性症の疑いとも言われたそうです。確かに大脳皮質基底核変性症も歩行が障害されたり、記憶が障害されたりとさまざまな症状が出る病気です。ＣＴさえ撮れば、その場で診断がつきます。

転倒や歩行の変化は主治医に話そう

それにしても、よく聞くと、まるちゃんは最初の転倒から約1年たっていたそうですね。でも、恥ずかしかったのか周りの仲間にも、転倒のエピソードを話してなかったようです。

本来なら2回も転倒したと聞いたら、慢性硬膜下血腫を思い浮かべないといけません。まあ、恥ずかしい話ですが、主治医であるボクも慢性硬膜下血腫を疑っていませんでした。

このまるちゃんのようなケースは、研修医の教育に使えます。

たとえば、患者さんから「ヨボヨボとした歩き方になってきた」と聞いて、「年のせいかもしれない」、あるいは、「パーキンソン症状かな」と考える。でも、病名を口にしたり、検査を提案すると本人が傷つくから、「少し様子をみようか」となったりすることがあるのです。しかし、そんな遠慮をしないで、急に歩き方がおかしくなったのなら、まずは頭のＣＴを撮っておくべきだったなと思います。

まるちゃんのように「足が重い」と訴える人は世のなかにいっぱいいます。でも、「こんなもんだろう」と医者にかからなければ、なかなか気がつかないわけです。

家族やよく知ってる人の病気は、見逃すことが時々あります。まるちゃんとボクは仲がいいので、自分の母親や身内と同じような感覚で接してしまい、肝心な病気に気がつくまで時間がかかった。だから、別の医者に時々浮気してみて、違う目で見てもらうことが大事かもしれません。

高齢者のてんかんが急増

まるちゃんが今回、経験したてんかん。「高齢者のてんかん」というのも、老化に伴い起きるありふれた病気です。

てんかんと聞けば、普通は子どものてんかんを連想します。昔は、小学校のクラスには一人ぐらい、てんかんの子がいたものです。手足を大きくバタバタさせて、泡を吹く全身性のてんかん発作です。

一方、高齢者のてんかんが増加しています。バタバタするけいれんがない「てんかん部分発作」が大半です。特に認知症においては、進行するほどにてんかん部分発作を併発する確率が増えていきます。

ただ、てんかん部分発作を診ただけで、そう診断できる医者は少数派かもしれません。5～30分程度ボーッとして、呼びかけても返事をせず、口をもぐもぐさせると、てんかん部分発作を疑うべきです。しかし、脳梗塞の前ぶれじゃないかと考える医者が多いのではないでしょうか。

まるちゃんの場合は、二つ考えられます。慢性硬膜下血腫に伴う二次性のてんかん、もう一つは老化によるてんかん。結果的には前者であったのでしょうか。

まるちゃんは全身のけいれんも起こしているので、慢性硬膜下血腫が脳を圧迫したために発作を起こしたのでしょうか。そこがてんかんのフォーカス、地震にたとえると震源地となった可能性があります。高齢者の多くは、てんかん部分発作ですが、まるちゃんの場合は、ちょっと違うように思いました。

入浴事故とてんかん

まるちゃんにとって2回目の入院となった入浴事故ですが、入浴中に血圧が乱高下して、何らかの原因で脳血流が悪くなったか、あるいはてんかん部分発作が起きたかが考えられます。

その数日前から足が重い感じがあったというのなら、それは慢性硬膜下血腫の症状だったのでしょうか。

その状態でお風呂に入っている最中に、てんかん部分発作が起きて、ボーッとした状態に至った。また、出ようとして溺れかけ、水が気管に入って呼吸状態も悪くなり、ついに浴槽から脱出することができなくなったのではないかと思いました。

でも、意識があったというので、生命力がとても強い人です。5時間もお湯につかっていたら、普通の人なら溺れ死んでしまいますよね。まるちゃんの場合は、まだ若いので命を落とさずにすんだのではないでしょうか。

しかも、たまたま有岡さんが見つけてくれたので運よく助かった。ボクも有岡さんから電話をもらったとき、浴中の脳卒中など脳のトラブルだろうと思って、すぐに指定した病院へ行くように伝えました。

まるちゃんの入浴事故は、ある意味、教訓的な事例です。

よく、入浴前には「身近な人に声かけをして」とか言われますが、まさに有岡さんに命を助けてもらったわけです。有岡さんが訪問しなければ、亡くなっていました。すごい強運です。

さらに、美容院に予約していたのが幸いでした。高齢者にとって「約束する」という行為は大事なこと。よく「きょういく」と「きょうよう」といわれますが、何か約束ごとがあると、必ず外出するわけですから。「あれっ、来ない！」の「あれっ」が大事なんです。

今回のまるちゃんの入浴事故。同じような経緯で運悪く亡くなった人は、世のなかにいっぱいいるでしょう。本来の理由がわからないまま、入浴死とされている人も多いのではないでしょうか。

2

「黙ってたら認知症にされてまう？」

先にも、歩行障害や認知機能の低下が1～2か月単位で急性的に起きた場合、いちばんに疑うのが慢性硬膜下血腫であり、認知症と鑑別しなければいけない代表格という話をしました。

でも、認知症と慢性硬膜下血腫が間違われることがある。それは歩行障害とか、認知機能低下などの症状が似ているからです。そもそも慢性硬膜下血腫は週単位で変化するのですが、認知症は年単位で変化する病気です。

以前、こんなことがありました。

毎週、診察前に訪問する要介護1のひとり暮らしの高齢女性がいました。それまではまあまあ元気だったんですが、ある日訪ねると、初めて会うケアマネさんが同席していました。

「この人、急に認知症になったんです」

「要介護度を変更するために区分変更申請を受けたい」

と言うので、「ちょっと待って！」となりました。

先週まで正常だった人が急に認知症になるわけはないので、それだけで「これは慢性硬膜下血腫だろうな」と思いました。そのままその高齢女性をボクの車に乗せてクリニックへ。CTを撮ったら、やはり慢性硬膜下血腫で、即日、手術となり、すぐに回復しました。

認知機能が急に落ちたときに、認知症以外の病気との鑑別が重要です。認知症と鑑別すべき病気は、実は100も、200もあります。そのなかの一つが慢性硬膜下血腫です。

認知機能の低下、歩行障害、尿失禁が三大特徴

1週間で発症するような認知症はありません。いつから発症したのか明確にわからないのが認知症です。週単位で歩き方や認知機能が変わったら、まず慢性硬膜下血腫を疑います。

医学書には、慢性硬膜下血腫の三大特徴として、「認知機能の低下」「歩行障害」「尿失禁」

が書かれています。

緊急性はないのですが、手術をすればすぐに治せる病気です。頭蓋骨に穴を開けると聞くと、大層な手術に聞こえますが、脳外科医からするといちばん治しやすい病気です。脳みその外側ですから安全な手術です。昔は外来で手術をする先生もありました。

よく似た名前で「急性硬膜外血腫」という病気がありますが、これは階段から落ちたり、交通事故などで硬膜の外側に急激に出血する病態で命に関わる場合もあります。慢性硬膜下血腫とは区別されます。

3 かかりつけ医の大切さ

雑談ができるかかりつけ医を選ぼう

今後の日本の20年間は、「超高齢・多死社会」が続くことは明らかです。団塊の世代が後期高齢者になるのが2025年で、死亡者数のピークは2040年ごろと推測されます。今、年間140万人の死亡者が、約170万人に増加するのです。

つまり、これからは「治す医療」から「治し支える医療」への転換が急がれています。

一つの病気を診るだけでなく、高齢になっていくつもの病気を抱える人を総合的に診て、病気だけでなく、生活の支援もできる、かかりつけ医（総合医）の需要が高まります。ボクはあえて町医者という言葉を使っていますが。


年を重ねるとともに予期しなかった病気になる可能性も増えてきます。そういうときに
「気軽に相談できて」

「ありふれた病気なら治療してくれる」

「もしも、そこで手に追えないならば、適切な医療機関を紹介してくれる」

かかりつけ医をもっておいたほうが断然お得です。大病院の名医だけでは損をする場合があります。詳しくは『「大病院信仰」どこまで続けますか』（主婦の友社）という拙著を参考にしてください。


かかりつけ医の条件としては、できれば徒歩で、無理なら車で20～30分圏内で見つけてほしいです。そして大切なのが相性。やはり距離感と相性につきます。

とにかく気軽に相談できる医者、「雑談ができる医者」がいいですね。まあ、かかりつけ医は口利き屋、紹介屋でもあります。患者さんからは見えないけれど、いろんなルートをもってる、顔の広いドクターがいいです。

それを探すにはやはり口コミがいちばん。地域のつどい場や井戸端会議、またランチの集まりなどで、地域の医療機関の情報を得るのが早道です。

かかりつけ医選びは、結婚相手選びと同じ。結婚がご縁なら、かかりつけ医は地縁です。最後は自分で決めるしかありません。

患者さんはかかりつけ医を選べますが、ボクたちは患者さんを選べません。かかりつけ医選びは、まさに自己責任です。

お仲間通院のススメ

ボクはまるちゃんだけでなく、そのお仲間三人のかかりつけ医です。この人たちは四人で一緒にクリニックに診察に来てくれます。「丸尾多重子様、ご一行様」と呼ぶと、四人がぞろぞろ診察室に入ってきて順番に診察します。

それはすごくいいことなんです。四人そろって診察に来るなんて本当にいい。情報共有ができるんです。医療情報は個人情報ですから、みんな知られたくないことが多いのですが、本当に信頼できる人たちとは共有しておいたほうがいいのです。あの人は糖尿病でこんな薬を飲んでいるんだとか、この人はこんな病気で特殊な薬が必要なんだと。

もう一つは、習慣がついて通院を忘れることがなくなります。一緒に定期通院して、帰りにお茶を飲んだり、ランチを楽しんだり、映画を観に行ったりしたらいいんじゃないでしょうか。通院以外の楽しみをプラスするのはいいことです。

クリニック側からしても、四人一度に来てもらうほうが、出入りの時間が短縮できて非常に助かります。みんな一度に情報を聞いてもらうと話も早いですから。時間的にもロスがなく、ウェルカムです。異変があったときには、仲間が知らせてくれます。自分で歩行障害などを自覚してなくても、仲間が気づくことはよくあります。

「最近、ふらつくわ」と仲間と受診されて、心電図を撮ったら心拍数が20しかなくて、専門病院で緊急にペースメーカーを入れたということもありました。あるいは、腸閉塞を早期に診断して、すぐに入院してもらい、たった3日で退院となったこともありました。

そういう意味でも、かかりつけ医の大切さはおわかりいただけると思います。

4 医療の立場から見た「老い」を受け入れるとは？

人は60歳を超えたら、どんな人も身体の異変を感じるものです。

老いというのは、スローにちょっとずつ忍び寄ってきて、少し前までできていたことがだんだんできなくなる。仕事、趣味、日常生活で何もかもが少しずつ衰えていくのです。

自然な老いを自分がどう受け止めるかですが、自分の老いを受け入れるのは意外と難しく、案外、老いに悩んでいる人は増えています。

「寝ても疲れがとれない」「夜中に目が覚める」「日中もだるく眠い」「気力がない」「体力がない」「休日でも楽しくない」などで受診しても、異常はなし。75歳以上なら「老年症候群」と診断されることもあります。

誰にでもできる解決法は、外を歩くことや歌を歌うことでしょうか。お寺めぐりや読書など好きな趣味を活かし、生きている喜びを感じましょう。

今、日本の高齢化率（全人口に対する65歳以上の割合）は28・9％で、世界一ということをご存じですか？

それも女性と男性の割合は、65歳以上では、女が3対して男は2。それが85歳になれば、さらに進んで女が7に対し男は3に、100歳を超えると女9対男1になるそうです。

超高齢になると圧倒的にほぼ女性だけの世界になります。極端な言い方ですが、女性は本当にしぶとく、なかなか死なない頑丈な生き物です。一方、男性はちょっと踏んだら壊れてしまう弱い生き物のように感じます。だから、老いについて考えるとき、男女差を考えないといけません。

男性は、なかなか本当の老いにまで行き着きません。ボクは老いまで生きられたら、それだけで幸せだと思っています。

でも、女性のなかには80~90歳になっても、診察室で「あっちが痛い、こっちが痛い」と訴える人が少なくありません。そこまで生かしてもらったら、あちこちが痛くてもしょうがない。自分で折り合いをつけることが大事です。

老いを認められない人が多いように思います。どうにでもなれという気持ちで開き直って、仕方がないものと腹をくくることも必要です。

ひと昔前まで、人生50年でした。今は100年時代といわれますが、まあ80歳まで生きたら大成功です。義務的に続けていることなど全部手放してもいいと本気で思いますよ。

主治医として、まるちゃんは笑顔を忘れない、いい老い方をしていると思っています。

第6章
さくらちゃん、もうすぐ20周年

つどい場の活動は「星になった家族への詫び状」

私が西宮市でつどい場さくらちゃんを始めて、もう19年目。「介護」を軸に、本当にたくさんの人たちの愛情とご協力で、ここまで育てていただきました。

私にとって「介護」の原点は、前の章でもふれたとおり、オババ（父の母）の介護です。

そのオババの死後、私は調理師学校へ通い、調理師免許を取得。その時点で、二人の兄と妹は結婚をして家を出ていましたから、「両親の介護は自分の役割」と考えていました。

そして若い私は、仕事と6畳一間の住まいだけは確保したうえで、両親に「1か月だけ東京へ行く」と宣言して上京したのです。

テレビ局で生CMでの調理を担当する傍ら、耳鼻咽喉科の受付のバイトをしたり、割烹での手伝いや調理器具のセールスをしたりと、食に関わる仕事に携わって15年。年老いた両親の希望もあって帰郷すると、母・兄・父の介護が待っていました。

●母に教えられた「緩和医療」の大切さ

当時、父が85歳、母は80歳。両親は以前住んでいた宝塚市から、西宮の名塩という山のなかに引っ越していました。

私は気持ちも新たに、故郷で手づくり惣菜の店「丸ちゃんのおだいどこ」を開こうと、その準備に奔走していました。そのうち母の変な咳に気づき、村の医者を受診。隣の市立病院へ行くようにと紹介状を渡されました。

そして、いよいよ惣菜店がオープンというその日です。

検査の結果、母は肺がんと診断され、そのまま入院。もう店のことは私の頭から吹っ飛んでいました。

当時、肺がんの手術は開胸手術だけ。母は手術に耐え得る体力はあると言われたものの、若いときの手術体験から「手術は、もう二度とイヤ」と言っていたのです。

手術すべきかどうか判断に迷ったけれど、母は外科医の説明を受けたあと、「あのお医者さんの手術を受けて元気になりたい」とポツリ。その言葉で決断して、2週間後に手術を受けることになりました。

1年後までは転移もなく順調でした。

お赤飯でささやかな快復祝いをした、その10日後です。早朝、「阪神・淡路大震災」に見舞われ、いずれ開業しようと賃料を払い続けていた店舗も全壊してしまいました。

この日を境に、静まっていたかに見えたがんが、あちこちに転移し始めたのです。母は、24時間痛みに苦しめられる日々。後に判明したのが、村の主治医は「モルヒネ」が使えない医者だったこと。母は一日中、眉間にシワを寄せて食欲もなく、ほとんど眠れない様子でした。

その年の10月17日。

母に薬を飲んでもらおうと抱きかかえたとき、母の呼吸が突然止まったのです。「救急車！」と思った瞬間、脳裏に浮かんだのが、管だらけになった母の姿。痛みに歪んでいた母の顔が、スーッと穏やかな表情に変わっていくのを見た私は、「母ちゃん、ごめんね」と言いながら、その身体をベッドに横たえました。

母が教えてくれたのは「緩和医療」の大切さでした。

今は病院でも在宅でも痛みを取り除く医療は受けられるけれど、28年前の私は、その知識もありませんでした。もし「緩和医療」を受けられていたら、母は穏やかな最期を迎えられていたはずなのに。

自分が老いたときに、どういう地域で暮らすかという選択はとても大切です。できれば不便な場所より便利な場所へ。便利な場所はいろんな医療体制が整っていて医者も選べます。

●兄は薬の怖さを教えてくれた

母の介護の一方で、3歳違いの兄の介護も続いていました。

兄は大学を卒業して就職したころから「そううつ病（双極性障害）」を発症し、入退院を繰り返していたんです。当時も今もですが、そううつ病の「そう」については、社会的にもよく理解されていません。

最初にかかった権威ある大学病院の医師は、「『そう』のとき、本人は楽しく生きているのだから、放っておけばいい」と言い放っていました。

それから4～5か所の精神科や心療内科を回ったでしょうか。

最後に出会った神戸市の若い精神科医に、「『そう』と『うつ』は出方は真逆であっても、本人は同じように苦しく、しんどいんだ」と言われ、救われた気がしたのを覚えています。

そして同時に、そううつ病の場合、95％以上の人が、何らかの「お金」の問題を抱えていることも教えられました。兄も、それにもれず「サラ金地獄」に陥っていたんです。

母の旅立ちから1年後。兄は54歳で自ら命を絶ってしまいました。

当時、私は兄の世話をするため、兄の住むアパートを訪ねるのが日課になっていたんです。兄が借りていたのは、1階の小さな庭つきの部屋で、その日もいつもどおり部屋に入り、すぐに台所へ。奥にある庭に兄の立つ姿が見えたので、声をかけながらご飯の支度にかかりました。でも、あれこれ話しかけても、なぜか返事がない。イヤな予感がして庭に駆け寄ると、軒下にぶら下がっている変わり果てた兄の姿がありました。このとき生まれて初めて腰が抜けてしまいました。

今もよくそのシーンがよみがえるんだけど、その2～3日前に兄に包丁を胸に突きつけられ、刺される寸前までになったことがあったんです。

理解してもらえる妹に、複雑な思いをぶつけたかったのかもしれない。「そう」のときの強いエネルギーが、「うつ」状態になり、自分を責めての「自死」かなと思っています。

兄が教えてくれたのは「薬」の怖さです。どの精神科・心療内科の外来でも、精神科病院に入院しても、10種類以上の薬が処方されました。薬には症状を無理やり抑え、無理やり眠らされる一面がある。「くすり」は「リスク」にもなり得るということを知ったのです。

家族や周囲の人が、薬を飲んでいる本人の反応に敏感になって、どう変化したかを処方した医師に伝えることが、とても大事なことやとお伝えしたいです。

知識がないままの介護のつらさ

肺がんの母の介護と並行して、大阪の精神科病院に入院していた兄の介護。そこに、運転中に脳梗塞を起こし、左半身まひになった「認知症」の父親の介護が加わりました。実家での「私ひとりで三人の在宅介護」の始まりです。「介護保険」がスタートしたのは、その2年後の2000年でした。

父は田舎で小学校卒業後、借金を残して旅立った父親の代わりに、大阪の船場に丁稚奉公して、自分で事業を起こした人。2度の戦地行きも経験しました。厳しく怖い父親だったけれど、事業に失敗しても、すぐに再建するといった、その強さやたくましさを私は尊敬していました。しかし、介護が必要になってからの父は、手のかかる要介護者でした。90数kgある大男なので、身体介助だけでも大変です。

それに加え、楽しいボケで、面白おかしい話を繰り返します。ベッドに寝ている父をやっと起こして、トイレやシャワー、食卓へ連れて行こうとすると、そのたびに大声で「痛い！」「痛い！」を連発。ずいぶん抵抗されました。

同時に三人の介護は、毎日、ため息の連続。身も心もボロボロで、孤独感に打ちのめされそうになったことも。閉塞感のある地域だからこそ、つどい場が必要やと、実家でつどい場「丸ちゃんのおだいどこ」を始めてみたけれど、隣家から苦情が出て、すぐに中止。

それでも、いつかは本当にやるんやという気持ちは強かったです。そして、不思議と「在宅で看る」という気持ちだけは揺るぎませんでした。

父の介護が始まって8年。父は93歳の秋に「誤嚥性肺炎」と診断され入院。退院が決まったとき、医師から「口から食べると肺炎を起こすリスクが高くなり、今度は命とりになる」と、すすめられたのが「胃ろう」です。当時の私は、何もわからないまま承諾しました。

家で生活するための「胃ろう」の管理や口腔ケアを学び、入院から3か月後の雪の散らつく日に退院しました。

久々の我が家に到着。「さぁ、父が100歳になるまでがんばるぞー」と気持ちを新たにした翌日です。

ベッドの上で息をしていない父を発見。退院した翌日に帰らぬ人となったのです。私は父の死が信じられず、お葬式で灰になったことも受け入れられなくて、お骨拾いができませんでした。

10数年に渡る在宅介護の突然の幕引きに、「バーンアウト（燃え尽き症候群）」とでもいうのでしょうか。私は心身のバランスを崩してしまいました。

介護って、みんな見送ったから「これで終わり」って終結できるもんやない。それまで自分のエネルギーすべてを介護に向けていたので、そのエネルギーをぶつける対象がなくなって、それが自分に向かってくるんです。

楽しみにしていた月1回の家族会にも行けなくなり、引きこもり状態になってしまいました。投げやりになって半年が過ぎたころ、新聞の片隅に見つけたのが、「ヘルパー1級研修申し込み　明日締め切り」の広告です。私はヘルパーの文字に釘づけになり、すぐに申し込みました。

その研修で最終日に受けた特養での実習が、「つどい場」を立ち上げる「原動力」になりました。特養で見たのは、押し黙ったまま車イスに座らされ、悲しいぐらい無表情のお年寄りたちです。浴室には、ゴムの長エプロンをつけた「魚屋さん」がおりました。ストレッチャーに拘束されたまま大声で泣き叫ぶおばあちゃんに、まるで「魚を洗うかのように」ホースでお湯をかけ、そのままお湯につけるという機械浴の光景を目の当たりにしたのです。

人が人扱いされない介護現場の実態でした。

「これが気持ちのいいお風呂?」

「これが介護保険のすること?」

あまりにショックで、帰り道は泣きっぱなしでした。

「介護保険はこんな施設への入所を助長するだけや。在宅で介護する人を支えたい！」

翌日には西宮市内の不動産屋を探し回り、20件目に見つけたマンションで、２００４年3月1日に「つどい場さくらちゃん」を立ち上げたのです。

私自身、三人の家族を介護中に孤立してしまった経験から、同じ悩みを抱える介護者が、気軽に集まって励まし合える場が必要やと思ったのです。

亡くなった私の三人の家族は、夜空で輝く星となりました。私にとって、つどい場の活動は、この「星になった家族への詫び状」なのです。

2 介護のカナメは「人」と「行動」

● 介護に欠かせないのが「人の力」

私もそうだったように介護は突然始まります。誰にも練習期間なんてありません。

しかも、将来のある育児と違って、状況は年々深刻になっていくのが現実です。おまけに介護者も年々年をとっていく。最終地点が見えないという厳しさもあります。

家族だけ、あるいは自分ひとりでやり切ろうとすると、つぶれてしまうのが介護。だからこそ必要なのが「人のサポート」です。周りの人たちと支え合うことがとても大事なんです。


また、きれいごとでは語れないのも介護です。

介護を始めて1年ほどは、みなさん無我夢中の時期で、自分のことなど考える余裕もありません。でも2~3年たって状況がだいたい把握できるようになり、少しでも先が見えてきたら、疲れがドッと出て不安になり始めるんです。

そんなときにいちばん頼りになるのが、身内や親戚やなくて、同じ介護経験者。つどい場に集まって、ため込んだ思いを吐き出すことが、リフレッシュの第一歩です。

また、同じ介護経験者の話を聞けば共感できて役にも立つし、ホッとできる。それで、「また明日からがんばろう！」ってなれるんです。

そうして気持ちが切り替えられると、ウソのように元気になって、人の支援までできるようになる。たくさんの介護者を見てきて、「人の力」ってすごいなと思うんです。

●さくらちゃんの介護とは「普通の生活を支えること」

さくらちゃんでは「学びタイ」「おでかけタイ」「見守りタイ」という三つのタイ活動をしています。そのタイ活動のきっかけとなったのが、オープン当初にあずかることになったひとりの認知症のおばあちゃんです。

その方はプライドが高く、かくしゃくとした言動で、とても認知症とは思えない元小学校教師でした。とにかくきつい性格でひとり娘さんとも確執があったんです。

家はゴミ屋敷状態で、周辺症状（ＢＰＳＤ、行動や心身の変調）が出始め、近所から苦情が出るようになりましてね。

でも、娘さんはうつ病を発症されていて引き取れない。しかも、施設やデイサービスなど介護保険の利用も困難でした。そういう介護保険制度が使えない人も居場所が必要やと、さくらちゃんであずかることになったんです。

そのおばあちゃんが、がんの手術で入院することになった。しかし入院先でも、ほかの病室に出入りして困ると苦情が入り、病院から「見守りをしてほしい」と依頼され、さくらちゃんから交代で見守りに入ることになりました。

結局、そのおばあちゃんは退院後も、７か月半さくらちゃんに住み続けはりました。私は、そういう「普通の生活を支えること」こそ介護やと思ったんです。

そうして、家族がない人や介護保険が使えない人に必要やと始まったのが「見守りタイ」。現在も、介護者が外出したいときや、ひとり暮らしでお世話が必要な方など、時間単位で話し相手や見守りのサポートをしています。

そして、介護には知識が大事、勉強せなあかんと「学びタイ」、しかも、そのおばあちゃんの介護で私も周りもヘロヘロになったことから、介護には息抜きも必要と「おでかけタイ」もスタートしました。

● 学んで、出会い、つながろう

まずは、「学びタイ」から紹介します。

私自身、知識がないまま家族の介護を続けたこ

「学びタイ」介護講座

とでの後悔は深く、つどい場を始めたら、ぜひ開きたかったのが介護講座なんです。

さくらちゃんが正式にオープンする前から三好春樹さんに講師を依頼して、第一回介護講座を開きました。それが19年の年月を経て今も続いています。

当初は、

「賢い介護者にならなあかん!」

「医者に物申せなあかん!」

を合言葉に、食事、排泄、入浴ケアなどの基本から、傾聴や誤嚥、認知症ケア、在宅介護、看取り、介護用具の使い方などまで幅広いテーマで、毎月さまざまな講師を呼んで続けてきました。

そうした介護講座のあとのお楽しみが、講師を交えての懇親会です。さくらちゃんが、夜の部「居酒屋さくらちゃん」となって、ざっくばらんな居酒屋に変身。「妖艶な熟女がそろてます」「酔いが回ったらシワの数なんか気になれへん」とか冗談を言いながら、ワイワイガヤガヤ。

そもそもは、私が三好春樹さんの「追っかけ」になったのがきっかけです。

私が家族の介護について何もわからないまま孤立していたころ、息の合う訪問看護師さんと出会って、さまざまな情報が得られるようになりました。

その訪問看護師さんから、「三好春樹という人が、介護のことを詳しく教えてくれはる」と聞き、通い始めたのが三好さんの介護セミナーです。三好さんをエサで釣ろうと、毎回、手づくりのお弁当を手に通ううちに、いろんな介護関係者と知り合いました。

セミナー後の懇親会に出ると、介護職の人が今まで聞いたことのないような悩みを話し合ったりして、みんな生き生きしてるんです。出会って、つながることの面白さを知って、さくらちゃんでも「長尾医師をはじめとする講師と家族がつながったらいいな」と懇親会を始めてみようと思ったんです。

さくらちゃんの懇親会も食べながら、飲みながらです。

これまでクリニックでしか会えなかったお医者さんが、一緒のテーブルについて話し込むと、

「居酒屋さくらちゃん」

「医者でもこんなバカなこと言うんや」

「こんなこと知らないんや」

と、どんどん身近になって、近しい関係になれる。先生様でなくなるんです。それ以来、実にさまざまな講師が、杯を交わしながら、あれやこれやと話をして盛り上げてくださった。そのうち、以前お願いした講師が「大阪に来たから寄らしてもらうね」などと連絡があるようになり、みんなに声をかけて、予定外の宴会が始まったりもしました。

食べて、飲んで、話しての「飲みニケーション」は本当に大切。人と人は、面と向かって話をして、本音が出て、笑って、泣いてが大事です。でも、それらをコロナは奪ってしまいました。

●情報力と発信力

毎月のように介護講座を開いてきて、その総まとめとして始まったのが、「かいご学会(２０１６年からはかいご楽快)」です。まず最初は、２００７年に「おむつはずし学会 in 西宮」を関西学院大学で開催。この会は、三好春樹さんが始められた「オムツ外し学会」をもじったもので、５００人以上の参加者がありました。
三好さんの「オムツ外し学会」は介護職向けでしたが、私は介護だけやなく、医療も、また地域とも、つながらなあかんと思ったんです。それで、介護の「か」、医療の「い」、ご近所の「ご」

から「かいご学会」と名づけました。私がこの「かいご学会」でやりたかったのは、有岡陽子さん、西村早苗さん、戸枚一枝さんら介護者に登壇してもらい、介護の体験談を発表してもらうことでした。

会場から聞こえてきたのは「介護者の話を初めて聞いた」という声でした。介護者の体験談というのは、うまくいったケースよりも後悔や反省のほうが多い。本音だからこそ伝えるべきやと思ったんです。こんな失敗をしたから二の舞を踏まないでほしいというメッセージでもあります。

しかも、それまで介護者の声というのは、それほどクローズアップされてこなかった。だからこそ、登壇した介護者が自分の体験を人に伝えるということが注目されたのやと思います。

「かいご学会（楽快）in 西宮」

どこの介護本にも書いてない、これまで続けてやってきた介護の本音を、自分の言葉で語るんですから。言霊というように、言葉には魂がある。本音の話の素晴らしさ、体験に勝るものはありません。

また、そうして介護体験を伝えることは、介護者にはすごい力になって自信をもてるようにもなるんです。

そういう意味では、進化した学会になったかなと思っています。

こうして始まった、さくらちゃんの年に1回の「かいご学会」は毎年続き、コロナ下の今はオンラインで続けています。

●旅先では笑顔が増えて、みんな生き生き

学びタイと並行して続けてきたのが、「おでかけタイ」です。

ちょうどさくらちゃんをオープンした当初、夫を介護中の女性から「今まで夫婦で全国あちこち旅行したけれど、北海道だけは行けてないの」と聞いたのです。

また同じ時期に、認知症の家族を連れてツアーに参加したら、「添乗員さんが車イスの扱い方もわからなかった」「トイレを探し回って大変な目にあった」という話を聞いて、普通に旅行に行けない人こそ行かなあかんと思ったんです。折よく北海道にはリフト付き観光バスがあ

るという情報も得て、即、決断。その4か月後には、車イス3台と家族さん約20人の北海道旅行が実現しました。

第一回の「おでかけタイ」で北海道に行って以来、北海道へ計9回。その後は伊勢、沖縄と続き、台湾へ4回、韓国1回。計16回の車イスツアーを続けてきました。

車イスツアーで、みなさんにぜひ見てほしいのが、車イスの人の旅先での表情です。解放感から、笑顔が増えてみなさん生き生きとされるのです。

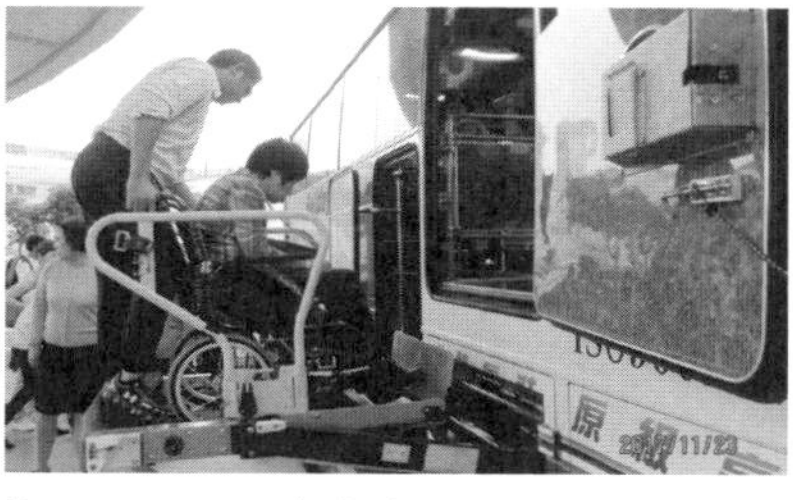

「おでかけタイ」台湾旅行

旅の力はすごいです。

前出の西村早苗さんのお父さん（夫）は、要介護5で台湾旅行に参加されたんですが、その数か月前に体調を崩して、ミキサー食になられてたんです。

それが最初の機内食から生のレタスをむせることなくバリバリ。肉じゃがもご飯もムシャムシャ。ホテルでは、前菜のクラゲを食べて、スペアリブにかぶりついてはりました。

早苗さんが用意してきた「すり鉢セット」の出番はなかったようです。お父さんの表情も普段よりシャキッとして、笑顔も増えていました。えらいもんです。

しかも、食事の時間になると、早苗さんが使い慣れたスプーン・フォークセットや、料理をカットする小さな調理バサミをテーブルにサッと用意し、レジ袋片面の中央を四角くカットした、食べこぼしOKのエプロンを手際よくお父さんにつけてあげたりしてね。

そういう光景をほかの参加者が見ていると、自分の介護の参考になります。介護の仕方やご飯の食べさせ方、声かけの方法など、ほかの介護家族の様子を見られるのも、旅行のメリットです。

●車イスのお年寄りが社会を変えていく

特に海外旅行では、自分のパスポートで税関を通って堂々と入国するでしょう。いつも人のお世話になって肩身の狭い思いをして介護されている本人にとって、ひとりの人間として認められるという満足感は大きいと思うのです。

また、さくらちゃんの車イスツアーは、介護職の人や看護師さんなど専門家も参加されるので、常にサポートしてもらえる。ホテルや観光地でのトイレ介助は本当に助かると言われます。参加者のみなさんも、さり気なく手を差しのべてサポートしようという方ばかりです。

そして、医師や看護師さん、介護関係者の人も、さくらちゃんの旅行に一緒に行くと学びが違うと思います。病院やクリニック、施設では患者さんや入所者という見方ですけど、観光地やホテルの食事のとき、認知症の人もひとりの人として、「こんなに楽しんではるんや」とわかるはず。それがもっと実感になってほしいのです。

こうした旅行に限らず、ちょっとしたお出かけだけでもおすすめです。春になればお花見したり、おいしいものを食べに行ったり。それだけでお年寄りは笑顔になれる。

子どもたちにはそういう姿を見せるのが、本当の教育やと思うんです。

日本人って認知症というだけで、もう何もできないと外出まであきらめてしまいがち。子どもも暗い顔をしたお年寄りばかり見たら「長生きしても楽しくないんや」と思ってしまうやないですか。

毎年のように車イスツアーを続けてきて、つくづく思うのが、車イスの人を実際に見なければ、社会は変わらないということ。

初めての北海道旅行でも、旭川空港では降りる手段がタラップだけでした。急遽、車イスの人は空港の職員に抱えて降ろしてもらったんですが、翌年には搭乗用通路ができていた。人気の旭川動物園も、最初は見学席に車イス用のブースがなかったけれど、翌年にはできていました。

車イスの人が街に出て、観光地に行き、電車や飛行機に乗らないと、社会は気づかない。台湾では何台もの「リフト付きの観光バス」を、国がお金を出して製造している。世界一長寿国の日本も、もっとがんばってほしいですね。

そうすれば、道ゆく人も自然に体の不自由な人に手を差しのべられるようになる。お年寄りがどんどん外に出ていくことが、街の人たちの心を変えていくんやないかと思います。

この「三つのタイ」が、今のさくらちゃんの原点。とにかく私は「人の普通の生活を支えること」が介護やと思う。

介護が必要になっても、人らしい生活が続けられる社会でないとあきません。

3 知識があれば行動力もアップ

このところ介護界でも「ＡＣＰ」という言葉をよく耳にします。

ＡＣＰとは、アドバンス・ケア・プランニングの略。人生の最終段階にどんな医療やケアを受けたいか・受けたくないかを、家族や近しい人で話し合い、共有する取り組みのことです。「人生会議」なんて仰々しい愛称にしたことで、余計に一般家庭には浸透しにくいようです。

この取り組み自体はいいことやと思いますが、家族が生きるか死ぬかのときに、お医者さんや看護師さんに「どうしますか？」と問われても、即答できない人が多いんやないでしょうか。

その点、さくらちゃんの「学びタイ」の介護講座で、無理なく知識や情報を身につけて、普段の交流の場でも「あの先生の言うてはったことは正解やわ」「私の場合は絶対そうしたい」など気軽に話し合って、自分のなかに落とし込んでおくと、本当に必要なときに意思表示ができていくものです。

さくらちゃんの数多い介護講座のなかでも印象深いのは、長尾医師の「平穏死について」ではないでしょうか。

これまで27年間在宅診療を続けられ、患者さんだけやなく、そばで世話をする家族も診はるから、延命治療の説明なども平たい言葉で、わかりやすく教えてくださった。だから、自然に身についていくんやと思うんです。

なかでも、「救急車を呼ばない」。救急車を呼ぶと、こちらが希望しなくても蘇生処置や延命治療につながることを教えられました。そして、胃ろうには「必要な胃ろうも、必要でない胃ろう」もあること。また、穏やかな死へのプロセスは、枯れるように死んでいくこと。そのためには「余計な治療はしない」「衰弱してからの点滴は本人を苦しめる」「覆水や胸水は安易に抜かない」などを学びました。

老年期精神医学が専門の上田諭医師から教えられたのは、介護者が心がけたい「指摘しない・議論しない・怒らない」という三原則。「認知症は治らない病気と認め、本人が生き生きとした生活ができるように周りがサポートしよう」ということです。

同じく、認知症ケアの第一人者である、松本診療所・ものわすれクリニックの松本一生医師からは、認知症の介護は「初期対応が大切」なことや、「抗認知症薬の、さじ加減が大事」なこと、また「抗認知症薬の不要な人もいる」こと、何よりも認知症の本人には「安心」できる環境が大事なことをわかりやすく教えてもらいました。

そして、大阪大学大学院歯学研究科の野原幹司医師からは、「高齢者の摂食・嚥下リハビリ」や、「嚥下用の薬の副作用の怖さ」などの口腔ケアについても。

また、東京で介護施設の総合ケアアドバイザーを務める鳥海房枝さんや、愛媛県松山市で託老所「あんき」を開設している中矢暁美さんには、「いい施設の条件は建物がきれいとかじゃない」こと、「本人を第一に考える」こと、「言いたいことが言える風通しのよさが大切」ということなど、施設との上手なつき合い方を教えていただいた。あげると本当に切りがありません。

●救急車を呼びますか？

こうして介護講座で学んだ知識や情報は、各介護現場でちゃんと活かされています。仲間のひとり、西村早苗さんのケースもそうでした。

晩年、お父さんが施設に入所して7か月たったころから、徐々に食欲が落ちだして、誤嚥性肺炎から発熱が3日間続いたことがありました。

発熱の2日目には、早苗さんは施設の看護師から「救急車を呼んだほうがいいのでは？」とすすめられたんです。

お父さんがひとりのときにも、看護師は直接「救急車を呼ぼうか？」と何度か尋ね、お父さんはそのたびに首を横に振って断ったそうです。

早苗さんは、救急車を呼ぶと延命措置につながることを知っていたけれど、何度もすすめられると、やはり迷いが出てくるんですね。でも、最終的に決断しないといけないのは早苗さん自身です。

それで、「もし病院に行ったとしたら何をするのか」を看護師に確認。「タンの吸引と酸素吸入ぐらい」という返事で、「呼びません」とはっきり断れたのです。「タンの吸引が本人にとっては、すごいつらいこと」というのも専門家から聞いて知っていたからです。

発熱は翌日の3日目も続きましたが、お父さんはそれほどつらそうな様子もなく、二人の息子に会い、付き添う早苗さんのベッドの横で、眠ったまま静かに息を引き取られました。77歳でした。

また、お父さんがまだ元気なころ、早苗さんに用事ができて、長期でショートステイを施設に依頼したことがありました。

ところが施設側は、先に精神科を受診することを条件に出してきたんです。その理由は、お父さんが混乱して暴言などが出ないように、事前に精神安定剤を飲んでおとなしくなってもらいたかったから。

でも、以前もショートステイを依頼したときに、施設側が無断で安定剤を使ったことで、それまでは杖をつけばトイレまで歩けていたのが、寝たままになって、声をかけても視線が合わなくなり、起こしてもベッドに座れなくなったんです。それで、早苗さんは「できません」と返事をしました。

すると施設側から、早苗さん宅で説明をしたいとの申し出があったので、介護仲間五～六人に声をかけ、さくらちゃんで会うことになりました。

仲間の応援もあって、早苗さんは強気で「薬は必要ない」と説得し、施設は服用しないという条件であずかってくれる結果になりました。

「泣き寝入りしないで、こちらの言い分はきちんと伝えること」「家族が伝えなければ、本人は言えませんから」の二つは、さくらちゃんで学んだことやと言われてました。

●「薬を減らしてください」

戸枚一枝さんの場合も、学ぶことでずいぶん変わりました。

第3章の紹介のページでふれましたが、お父さんが若年性アルツハイマー病で徘徊がひどくなり、老健から精神科病院へ送られたことがありました。

精神科病棟は治外法権とされ、施錠はもちろん、薬物療法や拘束が認められている場でもあります。

入院して面会謝絶となり、10日後会いに行くと、お父さんは変わり果てた姿になられてた。薬のせいでしょうが、以前は会話ができていたのに、顔に表情はなく、もぬけの殻のような状態でした。

そこで、一枝さんはさくらちゃんの介護講座に参加し、ほかの介護者の声も聞いて、病気や薬について学びます。

まず精神科病院から出さなければと、納得のいく特養を見つけ、1日でも早く入所できるように足を運んで交渉されたのです。

1年後に特養に入所できたときには、お父さんはすっかり体力が落ちて車イスの生活に。その後もさらに食欲が落ちて、常に眠そうで話しかけてもうなずくだけになられていました。

そのとき、一枝さんが気づいたのが薬の量です。

「体重が減って動けない高齢者なのに、元気な成人男性と同量の薬が処方されてるのはおかしい」と施設の医師に相談。一枝さんの声は通って、薬は徐々に減らされ、最後にはすべて止めることができました。

その後、お父さんは少しずつ元気を取り戻し、目の輝きもよみがえった。食べ物もミキサー食から刻み食へ、しまいにはゆっくり普通食を自分で食べられるまでになりました。学ぶということは、すごい結果に結びつきます。

また終の住処については、よく在宅か施設かといわれます。そのとき、「行ったり来たりと、両方の選択もある」と教わったのが長尾医師。それを活かしたのが一枝さんです。

家が大好きなお父さんが施設だけの生活では味気ないだろうと、時々、自宅に連れて帰ることにしたんです。

つまり、施設から自宅に通う「逆デイサービス」と、施設から自宅に外泊する「逆ショートステイ」です。月に1～2回の逆デイサービスを、月に1回2～4泊の逆ショートステイを続けていました。

つまり、在宅介護と施設介護、両方の「いいとこどり」。家が大好きだったお父さんは自宅に帰るとうれしそうな表情になって、施設では食べ物にも制限がありますが、家では好きなものが食べられたようです。

●食べることは生きること

さくらちゃんには、抗認知症薬についての相談もよくあります。そのとき、よく話すのが有岡陽子さんのお母さんの例です。

お母さんが認知症を発症されておよそ5年後のこと。風邪を引いて、当時のかかりつけ医に診てもらうと、風邪薬と一緒に何の説明もなく抗認知症薬のアリセプトが処方されました。陽子さんは、医師から出された薬なので、深く考えずお母さんに3日間飲ませました。すると、お母さんが急変。

夜眠らず、3日目には何かにとり憑かれたように目をギラギラさせ、一晩中しゃべり続けたのです。何か見えるのか、空をつかんでは部屋を歩き回ってたそうです。かかりつけ医に連絡をしたら、翌日に入院することになり、病室でも異常な行動は続きました。

陽子さんは、アリセプトが気になって別の医師に相談しても「薬が原因ではないだろう」との返事。陽子さんは自身の判断で服用を中止しました。

結果、3日間興奮して眠らなかったお母さんが、翌日からは落ち着きを取り戻された。服用後の変化を医師に伝えても、診断できない医師もいるのが現実です。

「一つの薬でこんなに変化するなんて、本当に怖いなと思った」と、陽子さんはかかりつけ医を変え、それまで服用していた薬をチェックしてもらうと、同じ作用のものが2種類処方されていました。

このとき以来、陽子さんは、薬の必要性や副作用については医師にしっかり聞くようなったそうです。

陽子さんのお母さんからは、「食」についてもたくさん学ばせてもらいました。

お母さんが99歳で亡くなられる3年前、一時、危篤状態になって食事が全介助になったんです。その後回復して、食べ物をすくってスプーンで渡すと、自分で食べられるようになりました。ところが、また食欲が落ちてしまった。私は自分のオババの経験から「手づかみ」での食事を提案しました。

お母さんはひと口が少量で、ゆっくりモグモグし、ゴックンしてから次を入れられます。その様子を見ていると、手づかみで自分で食べるのがいちばんだと思ったんです。

自分の手でつかむと温度がわかって熱いものは口に入れないし、口に入れる分量も自覚できて、自分のペースで食べられるんです。それで、小さなおにぎりにして手に持たせてあげたところ、食が進みました。

それからはおかずも手づかみで食べられるものに切り替えました。小さなコロッケや春巻き、お刺身、煮物など手で食べられるものなら何でも。

陽子さんは、焼き芋をつぶしてバターや牛乳、はちみつなどを入れてお団子にしたり、レンコンをすってちりめんや山芋を加えてレンコン餅などをつくっていました。

自分で好きに食べられると、食べる意欲につながります。手づかみは汚くてダメなことととらえられがちですが、食欲が出るなら手でいいと思うんです。「食べることは生きること」。高齢になるほど食べ方はゆっくりになるので、待つ介護が大事です。

どんなに認知症の重い方でも、おいしい・まずいはわかっている。おいしいものならパクパク食べられるんです。

おいしいと口も大きく開いて、唾液もたくさん出て、食欲がさらにわくもの。また、ちゃんと食事ができていれば、排便がきちんとできるので、下剤を使用する必要もなくなったそうです。

高齢で嚥下力が落ちると、むせるからとすぐにドロドロのミキサー食にしたり、胃ろうをすすめる専門家もいます。でも、情報や知識があると、好きなものを自分で食べられる工夫はできるものなんです。

そして、お母さんの最期は長尾医師から学んだとおり平穏死でした。

例年どおり、さくらちゃんで年越しをしてのお正月です。元旦は、ミルサーでペースト状にしたおせちと、ほんの少しのおとそを口にして新年を祝い、夜はシャンパンをなめ、カニをおいしそうに食べました。

でも、その後、いつもどおりに抱えられて行ったトイレで突然、失神。ちょうど新年の挨拶に訪れていた主治医の長尾医師に介抱してもらい、すぐに意識を取り戻しました。

2日は疲れが出たのか、ひたすら眠ったお母さん。翌日の3日はもち直して、朝からダイニングテーブルに座って、大好きなすき焼きとご飯、卵をペースト状にしてもらい、2～3口の食事を終えました。その後は、布団に入って安静にされていました。

変化が起きたのがその夕方です。意識が遠のく感じで、手足の色が変わったので訪問看護師に連絡して、すぐに駆けつけてもらえました。

それから数時間後の午後7時過ぎです。陽子さんは、息が弱くなってきたお母さんの手を握りしめながら、

「お母ちゃんの娘で最高やった、ありがとう!」と。

99歳のお母さんは、下顎呼吸を数回したあと、穏やかに息を引き取られました。15年余りの闘病生活で、おむつをしたのも、寝たきりになったのも1日だけという大往生やったんです。

4 どんどん増やせホームホスピス

もうすぐやってくる2025年。団塊の世代のおよそ600万人が75歳を迎え、後期高齢者となる年です。国民の5人に1人が75歳以上という未曾有の超高齢社会が始まります。

介護される人口はもちろん増えていくでしょうし、私は残る人生を過ごす施設として、これから求められるのは「ホームホスピス」ではないかと思っています。個人的にも施設を探すなら、ホームホスピスをぜひおすすめしたいのです。

ホームホスピスは、ほとんどが木造の一軒家で、入居者はがんに限らず病気や障害のある人、ひとり暮らしが困難な人などで、大抵が五〜六人。数人の介護スタッフが常駐して寄り添い、医療者や訪問看護師、ボランティアなどが地域で支えるシステムになっています。

介護スタッフとはいえ、家族のようなスタッフがご飯をつくったり、洗濯をしたりとお世話をしながら一緒に暮らす「とも暮らし」です。

何よりの魅力が、台所からは野菜を切る音や、ご飯やおかずを炊く音や匂いがする、普通の家庭の暮らしがあること。大きな建物にグランドピアノが設えられ、高そうな絵がかけられていたりするような施設では、生活感はまったくありません。

お風呂も施設の大浴場や機械浴ではなくて、昔から入り慣れた家庭風呂。スタッフの支援のもと家族が主体となって看取りができ、必要なら家族も泊まることができます。

日本で最初にできたのは、市原美穂さんらによって2004年につくられたホームホスピス宮崎「かあさんの家」です。住み慣れた家や地域で最期まで暮らしたいという声のなか、看取りを病院ではなく地域でしたいと、「民家にホスピスケアのチームが入ってサポートする」という発想から生まれたようです。現在、「なごみの家」「もくれんの家」などの名前で、全国に64軒（2020年4月現在）と広がっています。

全国で空き家の放置が問題になっていますが、ホームホスピスとして利用されれば一石二鳥ではないかと思うのです。

●施設という感覚がしない家庭的な暮らし

さくらちゃんの会員の山口妙子さんは、ホームホスピスに詳しいひとりです。

山口さんが、ホスピスや緩和医療などに興味をもつようになったのは、鹿児島の実家のお父さんが亡くなったあと、お母さんに介護が必要になったり、義父が納得のいかない亡くなり方をされたことからだそう。

その後、講座や研修を受けたのがきっかけで、5年前からホームホスピスのボランティアを始めました。見学で出会ったスタッフが、自分の父親をそのホームホスピスで看取ってもらい、その後に介護の資格を取得して働き始めたという話を聞いたことも、心を動かされた理由の一つ。こんな所で働けたらいいなと思うようになったみたいです。

「入居のお年寄りが自分らしく生活をされていて、スタッフも楽しそうに働いている雰囲気が気に入って、今ではパート職員として働いています。ダイニング・キッチンでみんな一緒にご飯を食べていると、居心地がよくて、自分の居場所でもあるような感じがするんです」

（山口さん）

山口さんが体感しているホームホスピスのよさを、いくつかあげてもらいました。

・2階建ての一軒家で、間取りは入居者五人の各個室と、みんなが集まれるダイニング・キッチン。庭にはボランティアの人が植えてくれる四季の花が咲いていて、夏には野菜も栽培。
・食事はダイニングテーブルで、入居者もスタッフも一緒に話しながら食べる。みなさん、かなり食欲旺盛。
・入居者の部屋で音がすると誰かが気づき、「ちょっと！」と呼ばれると誰かが駆け寄るので、呼び出しの「コール」はあまり使われない。
・家庭的な暮らしで、施設という感覚がしない。

山口さんが働いているホームホスピス「愛逢の家」（兵庫県尼崎市）。スタッフも一緒の食事風景（左）、「カブがとれましたよ」の声かけに、庭を眺める入所者さん（右）

・スタッフの支援のもと、家族が主体になって看取りができる。スタッフとともにご本人にまつわる話をしながら一晩過ごすなかで、穏やかにお見送りするケースが多い。（山口さんは5回体験）
・職員になると入居者との関係が深くなり、それが楽しみの一つになる。

ホームホスピスの温もりのある雰囲気が伝わってきますね。

山口さんは、最初、トイレ介助や入浴介助などは、ほかのスタッフに教えてもらいながら行ってきましたが、鹿児島の施設で暮らすお母さんを思い、「母だったらこうしたら喜ぶかな」と考えながら介助していると、意外とすんなりできて、やりがいがあるそうです。

入居者の介護も、仕事というよりも家族の代わりをしている感じで、資格はなくても、自分の親の世話をすると思えば誰でもできる仕事ではないかとのこと。仲間と一緒なので、学べることや得られることがたくさんあると話しています。

食欲が出て、表情も変わった！

さらに、山口さんからホームホスピスのよさがわかる、実例を聞きました。鹿児島のお母さん（97歳）のお話です。

お母さんは笑顔が素敵な人で、以前、さくらちゃんの台湾旅行にも、山口さんとお世話をされるお姉さんの三人で参加されました。さくらちゃんのイメージとはちょっと違う、品のあるご一家なんです。

お母さんは当時から施設に入所されてたけれど、その後、脳梗塞で左半身まひの後遺症が残ったり、続いて脳出血を起こされたり。徐々に弱って、認知症の症状も出てきたので鹿児島のグループホームに入られていました。

それでも少しずつ回復してきて、ホームから体調の変化の報告はあっても、コロナ下で面会ができないのです。近くに住むお姉さんが頻繁に面会に行っても、ガラス越しなので状況ははっきりとはわかりません。

しかも、だんだん食事が進まなくなり、刻み食になって介助が必要に。その後、スプーンで食べられるようになったという報告があっても、直に会えないので詳細はわからず、姉妹で不安になっていました。

そこで、山口さんがお姉さんに提案したのが、鹿児島にあるホームホスピスです。以前、姉妹でそのホームホスピスの内覧会に行っていたそうで、改めて管理者とも会って、そこに移ることに決めました。

「市内から遠いけど、平家の一軒家で庭が広くて、周りに畑もあってすごくいい所。姉が通うには少し遠いんですが、雰囲気もよくて、何より最期まで暮らせて、看取りができることから昨年春に入居しました」と。

入居当日は山口さんも同行。ホームホスピスに向かう途中で桜のお花見をすることになり、店先で目についたのが桜餅です。「食べて行こう」と、あまり期待しないでお母さんに手渡すと、なんと半分ほど食べられ、みんなで「よかったねー」と喜び合ったそうです。

ホームホスピスでは、すでに住人のように「いらっしゃーい」と気持ちよく迎えられ、お庭見学のあと、すぐに昼食の時間に。そこに出てきたのが、おかずが入った家庭用の小鉢が並ぶお膳です。

山口さんらはお母さん用のスプーンを用意していたそうですが、お母さんは何のためらいもなく、お膳に並んでいたお箸で食べ始められたのです。

「左手は不自由なので、右手だけでゆっくり、落としながらでも食べる姿を見て姉と二人、びっくりしてしまった。おいしいとうなずく姿を見て、移ってよかったねえと話したんです」

（山口さん）

庭が見える縁側では、お母さんから「平和な景色や」「やさしい雲やね」と、姉妹も驚くような言葉が出たり、自分の部屋も気に入った様子で、居心地がいいんだと安心できたそう。それまで会うときは、ガラス越しでマスクをしていたため、認識できなかった娘である山口さんのことも名前で呼び、言葉数も多くなったそうです。

また、海が近くて魚もおいしい土地です。刻み食を食べていた人が食べられそうもないお刺身も、きれいに食べられたとか。お姉さん自身もホッとできると居心地がいいようで、週に4回ほど面会に行って、毎回ホームのお手伝いもされているようです。

●ホームホスピスの魅力を広めよう

家庭的なホームホスピスの力ってすごいです。

食事はいかに気持ちよく、おいしく食べることが大切かがよくわかる例ですね。とにかくホームホスピスは一般の施設とは空気が違うと思うのです。

山口さんもお母さんが変わっていく姿を見て、仕事先のお年寄りのお世話をがんばりたいと言われてました。

大型の高齢者施設の場合、食事にしても施設によっては「全量摂取」という決まりがあります。そのため食事介助も、食べる過程より完食が目的になって、「食べ終わるまで口に入れられる」「時間がないので一度に口いっぱいに入れられる」という結果になりがちです。「待てない」介護スタッフが多いのです。

入浴も「決まった人数を時間内に入れる」という「作業」になってしまっている。それでは介護職の人は楽しく仕事ができないし、そんな気持ちでお世話をされると、されるほうはもっと楽しくないはずです。

そういった施設ばかりではありませんが、家庭的なホームホスピスと大型の高齢者施設の大きな差は、私は働いている人が「楽しいか・楽しくないか」だと思うんです。

これから介護が必要となる団塊の世代は、これまでの高齢者とは違います。元気で見た目も若く、権利意識が高くて、主義主張をはっきりする人が多いでしょうから一筋縄ではいきません。こういう人たちに介護が必要となって、最期まで自分らしく暮らしたいとなったら、ホームホスピスがおすすめ。今後、ホームホスピスが注目されていくと思います。

それだけに、今後は住民もホームホスピスのよさを認識していかないといけません。ところが、最近、ある地域ではホームホスピスができると決まったら、住民の反対運動が起きたそうです。本当に発想が貧しすぎる、自分ごととして考えたら、そんなことはできないはず。そんな住民こそ意識改革をすべき。ホームホスピスが家の近くにどんどん増えたら、みんな関心が出てくると思うのです。

先の山口さんも、「救急車がたびたび来るように思われるけど、普通にお年寄りが生活している場所と理解してもらえれば、わかってもらえるんじゃないでしょうか。私もどんどん増えていってほしいです」と話しています。

ホームホスピスを始めたい人は、一般社団法人全国ホームホスピス協会での研修制度があるそうです。

ただ、「ホスピス」とつくと、一般的には「末期がんなどで終末期の患者さんのケアをする施設」と思い込みがちです。ホームホスピスの場合は、「さまざまな病気、障害がある人の最期のときを、その人らしく暮らせるようにケアする家」です。

個人的には、ホスピスという呼び名に抵抗のある人がいるかもしれないので、たとえば「とも暮らしの家」などと名称を変えたらいいなと思っています。この呼び名は、尼崎市の「愛逢の家」ですでに使われています。

「食べることは生きること」。そして「笑いは人の薬」です。最期までの限られた時間だからこそ、すべての人がおいしく食べて、楽しく笑って幸せなときを過ごしてほしいものです。

5

20周年に向けての思い

有岡陽子さん

さくらちゃんがあったから前向きな介護に

深い絆で結ばれていた大好きな母が認知症になって、私のことを忘れてしまい、思い悩んでいるときにさくらちゃんに行くようになりました。

介護を始めて6年目ぐらいかな。その年も介護で行き詰まって最悪の年末を迎えていたとき、まるちゃんに誘われてお正月をさくらちゃんでゆったり過ごしたんです。

その帰り道です。母の車イスを押しながら駐車場へ急いでいたら、段差に引っかかって車イスを倒してしまった。でも、そのショックで母が「陽子ちゃん！」と私の名前を思い出して呼んでくれたんです。本当にうれしくて……。私は母が「お母さんは陽子を忘れてないよ！」というメッセージをくれた気がして、気持ちが切り替えられた。そこから前向きに介護できるようになりました。

母は認知症になって私のことを忘れてしまったと思い込んでいたけれど、母は何も変わってないこと、本能的には忘れていないことに気づかされたんです。

それ以降、物事を自分主体ではなく、「この人にとって何がいいんやろう」と母主体で考えられるようになりました。

それは、さくらちゃんでさまざまな講座を受けさせてもらい、まるちゃんたち介護仲間と話をするうちに自然に胸のなかに落とせたことです。「母がボケてもいいから、穏やかに暮らせたらいい」と思うようになれました。

さくらちゃんのかいご学会で自分の介護について発表する場を与えられたのも、大きな体験でした。最初のかいご学会で5分ほど時間をもらい、自分の介護についての思いを話しました。

それまで仕事でしゃべることはあっても自発的なものじゃなかった。鮮明に覚えているのが、発表した帰り道、「私の世界が変わってるやん。私は結構、幸せなんちゃう?」と改めて思えたこと。考えがガラッと変わりました。

母が認知症になったのは、絶対何か意味があることと思ってたんです。「それは私を成長させることなんや」「やっぱり意味があるんや」と気づかされました。

それまでは閉鎖的になっていて、「介護をすることで社会との接点もなくなった」と思っていたのが、さくらちゃんに関わり、また、それまで出会ったことのない分野の人と関わることで、自分の世界ができていった。さくらちゃんを通して会社時代とはまた違う社会への出方を知って、社会って会社だけじゃないんだと認識できました。

それ以来、雑誌や新聞、テレビの取材も増えていきました。特にテレビ取材は密着ですから、リスクも考えました。

でも受けたのは、「介護をしている本人が、介護ってマイナスばっかりやないよ」と、観てくれる人たちのたとえ10％にでも、伝わればいいと思ったから。「つどい場さくらちゃん」という存在を、知ってほしいという思いもありました。

自分の母を24時間、15年間介護してきて、「介護ってしんどいけれど、不幸ではない」というのが結論です。愛する母だったし、不幸と思ったら在宅介護はしていません。私はひとりでも介護は続けてきたとは思うけれど、いらだつこともいっぱいあって、さくらちゃんという場を知らなかったら、前向きな介護はできなかったと思います。

まるちゃんと関わってありがたかったのは、何か問題があってもいつも黙って受け入れてくれたこと。介護経験のない友だちに悩みを話すと、大抵は解決法をアドバイスしてくれます。

まるちゃんはただしっかり聞いて、共感してくれるだけ。私はそれがよかった。こちらも聞いてほしいだけなんですから。

もし私も介護経験がなかったら、何か解決してあげないとと意見めいたことを言うだろうと思うのです。さくらちゃんの仲間はみんな家族の形は違うけれど、介護という点では同じ戦友やと感じています。

母のお葬式もさくらちゃんであげてもらいました。最初は、仁川（西宮市）の斎場でと決めていましたが、母が亡くなった瞬間、「ここでしたい」という思いがにわかにわいてきました。理由はよくわからない。でも母が好きな場所だからというのは事実です。

それをまるちゃんに伝えたら、すぐに「ええやんか」との返事だった。周りから「それは大変やし、あかんのんちゃう?」という声も出たけれど、まるちゃんは「なんでやの? お母ちゃんが望んでるやろ?」とのひと言で即決でした。まるちゃんはそういう人。リスクよりもひらめきで前に進むタイプだから、普通なら到底無理と思う「車イスの海外ツアー」なども実現するんです。

母の死後も、まるちゃんは私がひとりにならないようにと心配してくれて、四十九日までさくらちゃんで寝泊まりさせてもらった。その後も4~5か月ともに暮らし、そのまま必然的にさくらちゃんに通うようになりました。

ずっと「まるちゃんの手伝いを続けよう」という意気込みなどはなかったです。ただ日々の暮らしのなかで、いろんな問題が出てきては対応していくうちに、手を引くに引けなくなったというのが実感です。

内情がわかればわかるほど放っておけなくなって。義務感でもなく、ボランティア精神でも、恩返しでもない、まるちゃんを放っておけないから。まあ運命の相手みたいなものですかね。最近、本当に縁やなと感じています。

20周年に向けて大層な思いなどなく、まるちゃんにとってよりよいようになればいいなと思っています。そして今は、自分に与えられた、さくらちゃんでの手伝いをこなしていく時期ととらえています。

さくらちゃんと出会えたからこそ、母のよい看取りができて、すごくありがたかった。介護仲間としてまるちゃんと出会ったことも、とても貴重なことだと思っています。

さくらちゃんは、いつも行きたい場所

戸枚一枝さん

私がさくらちゃんを知ったのは、夫が若年性アルツハイマー型認知症と診断されて1年後ぐらいのときです。

夫の様子が62歳ごろからおかしいなと思いながら、不安でなかなか診察に行けず、近所のクリニックを受診したのは66歳のとき。診断された若年性アルツハイマー型認知症は進行していて、すでに要介護2でした。

その日から投薬が始まって、すぐに昼夜関係なく始まった徘徊。毎日、夫のあとをついて回る日が続き、心身ともに疲れ果ててしまって、1年後の冬には倒れてしまった。デイサービスの職員さんの配慮で、夫はそのまま精神科病院へ送られることになりました。

同じころ、近所の親しい友人に夫の認知症のことを打ち明けたところ、当時はまだ認知症に

ついて理解がなく、その人は「関わりたくないから」と離れていってしまったんです。相談する人もなく、ひとりでいろんな問題を抱えるのがつらくて落ち込む日々でした。

そんなころに西宮市社協の「認知症介護者の会」に参加して、そこでまるちゃんと出会ったんです。10テーブルほどがあるなかで、たまたま、まるちゃんと一緒のテーブルになって、「つどい場をやってるから、いつでもおいで」と誘われた。もう奇跡としか言いようがないです。

その会で知ったのが、介護をしてるのは私だけじゃなく、もっと大変な人がたくさんいること。それまでひとりで悶々と悩み続けていた私にとって、大きな転機となりました。「わかってもらえる人たちがいる。今度行くところができた」と。

少し明るい出口が見えたような感動でした。

その帰り道には、同会に参加していた人とバスで一緒になり、30分の道のり、夫のこれまでの詳しい経過を話していたら、涙が止まらなくなってしまって。私にとって大きな出会いができた一日でした。

さくらちゃんにはすぐに行き始め、私にとって心からホッとできる場であり、介護で行き詰まったことなど、すべて話せる場になったんです。

それと同時に、それまで知らなかった知識や情報を得られる場にもなりました。いろんな介護者さんが出入りされていて、ほかでは聞けない情報が聞けたり、介護講座にも積極的に参加して、アルツハイマー病についても勉強するなかで、自分でも変わっていけたと思います。

当時、夫が入院していた精神科病院の実態を聞いたときは、早く連れ出さなければと、次に移る特養を何件も見学して回り、少しでも早く入れるように数え切れないほど相談に通いました。

施設で出される薬の量について不審に思い、医師に直接伝えに行くことができたのも、「泣き寝入りしない」「きちんと伝えられるのは家族だけ」と、さくらちゃんで学んでいたからです。

また、さくらちゃんでは、人前で話す経験もたくさんさせてもらいました。私は小学校のころから、本読みで当てられただけで泣き出し、本読みをすると声が震えてしまうおとなしい子だったんです。

だから、人前で話すなんて自信はゼロ。きっと話しやすい雰囲気で、自分の体験だから話せたんでしょうね。自分でもびっくりしたことだし、本当に変わったなと思います。

そのおかげで、今も西宮市の若年性認知症の会「わかみや会」に、月2回ボランティアに行っています。1回は、当事者本人やご家族と一緒にお茶を飲んだり、ゲームのお手伝いをしたり。

もう1回は介護者だけの会で、アドバイスはできないけれど、「私の場合はこうしました」という体験を話しています。若年性の介護は高齢者介護とはまた違った大変な面が多く、体験談を聞きたいという方が多いのです。

さくらちゃんの旅行も思い出がいっぱいあります。

旅行先では、ほかの介護者の介助法などに接し、トイレでの介助や、着替えや食事中の介助など、「ああ、そうしたらいいのか」と見て学べました。

忘れられないのは、北海道旅行です。私と早苗さん、陽子さんの3家族が同じ部屋になりましてね。そのころ、夫はもうトイレで用が足せなくて、便もおむつにしかできない状態でした。私はそのことがいちばん心配でしたが、案の定、夜ご飯のあとに便が出たんです。もう臭いだけでわかります。

そんななかで、二人は手際よく手伝ってくれて、すごく助けられました。しかも、窓の開けられない部屋。臭いがこもってしまって、私は、申し訳ない気持ちでいっぱいだったんです。

でも、私がありがとうを言う前に、突然、陽子さんが、ホテルの「おまんじゅうを食べよう」と言い出してくれて。すごく気づかいを感じました。

三人でムシャムシャ食べながら、長年介護者である二人は違うなと感じ、ホッとすると同時に前以上に話せる存在になりました。

今では、まるちゃんを含め、三人の仲間はなくてはならない存在。どこへ行くにも四人一緒です。病院の定期検診も毎月、一緒に行くので、私の体のことは、娘たちよりもよく知ってもらってると思います。

まるちゃんには、夫の看取りの折にもお世話になりました。

夫にとって我が家は、初めて自分で買った家であり、家が大好きだったんです。でも、5年あまり施設に入っていたので、最期は家で見送りたいという気持ちがずっとありました。

その練習という気持ちもあって、時々は家で過ごしてほしいと、そのつど、施設に外出届けを出して、逆デイサービスや逆ショートステイを始めました。

ですから、終末期に入って最後に施設から「元気がないです」と連絡があって駆けつけ、顔を見た瞬間、「家に連れて帰ろう」と心を決めました。すぐに在宅介護に移るためのサポートを頼んだのが、まるちゃんです。

夫と帰宅したら、すでにケアマネさんが待ってくれていて、続いて訪問看護師さん、在宅医も駆けつけてくださった。こうした手配ができたのも、まるちゃんだからこそです。

家が大好きだった夫は、いい表情になって、集まってくれた娘や孫たちと同じ食事を、ミキサー食にしておいしそうに食べました。マンション内の公園でお花見もでき、気持ちよさそうに訪問入浴も受けられたんです。

素晴らしい4日間を過ごして夫は心安らかに旅立ちました。まるちゃんのおかげだし、感謝しかありません。

もうすぐ20周年。その間にいろんなことがあったけれど、さくらちゃんが存在したことに、まずお礼を言いたいです。そして、いまだに週に2回お手伝いに行けることがうれしいです。

私、さくらちゃんへ行くのが楽しいの。みんな同じ介護経験者で、まるちゃんにおいしい食事をつくってもらえ、何でも話ができる、いつも行きたい場所なんです。どんなに仲よしでも話せないことがあるけど、さくらちゃんでは何でも話せる不思議な場所。この年齢で行き場所があると娘も安心しています。

夫の介護も、さくらちゃんがなかったら、まったく違っていたと思います。気持ちを吐露できる場がなく、介護仲間もいなかったら、自分流の介護でつぶれていたんじゃないかと思う。

介護当初のように、夫の徘徊について回って疲れ切り、夫が強制的に病院に入れられて不満はあっても何もできず、そのままずるずるといってしまってたかもしれません。

今後は、四人それぞれに年齢を重ねて、今までのように継続するのは難しいかもしれません。でも、そのあとのことはあまり考えたくないです。

まるちゃんのようなカリスマ性のある人はなかなかいませんもの。まるちゃんは私にとって、あったかい気持ちにさせてくれる人。年下だけど、母親のような安心感のある人です。

しっかりした考えがあっても、自分のことは多く語らず、人の話は何度も聞いた話でも、ただただ聞くのみ。

私、電話で「はーい、待ってるね」という声を聞いただけでうれしいんです。

西村早苗さん

さくらちゃんで人生が豊かになった

西宮市社協の「認知症介護者の会」でまるちゃんと知り合ったのは、お父さん（夫）の介護が始まって8年ぐらいのときです。そこで、つどい場を立ち上げると聞いたときは、「何をしはるのかな？」という感じでした。

まるちゃんはその前にも名塩の実家で、つどい場「丸ちゃんのおだいどこ」を数日だけ開いていて、お父さんと行かせてもらったことがあるんです。介護中のまるちゃんのお父さん用に、移動用のリフトから車イス用のテーブルまで介護用品がそろっているお宅で、「すごい人やなあ」という印象でした。

そのまるちゃんが実際にさくらちゃんを立ち上げてくれて、介護する私にとって、なくてはならない存在となりました。

まず、さくらちゃんに感謝してるのは、あちこちの旅行に連れて行ってもらったこと。旅行会社を経営していたお父さんは、もともと旅行が大好きで、倒れてからも毎年、友人に連れられて旅行に出かけていたんです。

在宅介護になってからも、旅行はお父さんがいちばん喜んだこと。最初の北海道ツアーから参加して、私も介護するなかで毎年旅行に行けるのがとても楽しみでした。

ただ、私ががんの手術をすることになり、その間、お父さんは老健で1年半お世話になり、行けない時期もありました。沖縄旅行もお父さんが体調を崩して参加できなかったんです。

というのも私が入院するまでは、家で毎日リハビリをしていたので、どうにか歩けていました。でも、老健に入っている間はリハビリができず、運動能力がガタッと落ちてしまった。完全に車イス生活になってしまい、リハビリも嫌がるようになっていたんです。晩年も体力が落ちて、旅行が困難になりつつありました。

ところが、「次の旅行は台湾」と伝えたら顔色が変わって、急に「行く」と言い出したんです。台湾は現役のときによく行っていた思い出の多い国です。「旅行に行くなら自分で立てないと、飛行機に乗れないよ」と発破をかけたら、がんばってリハビリをするようになって。旅行がすごい励みになった。それ以来、旅行を生きがいのようにしていました。先にも紹介がありましたが、最後の旅行では奇跡のような体験をさせてもらいました（134ページ参照）。

また、さくらちゃんではさまざまな介護講座に参加させてもらい、介護に本当に役立った。おむつの当て方から、ベッドでの移動や車イスの移乗などの介助法まで、それはたくさんのことを教えてもらったんです。

特にありがたかったのは、大阪大学大学院歯学研究科の野原幹司医師から嚥下ケアなどを学んで、訪問歯科を受けられるようになったり、嚥下の検査もしてもらったり。

お父さんが晩年、施設を選ばなければいけなくなったときには、施設に事前に見学に行くことや、何に重点をおいて選べばいいのかなど、長い期間、さまざまな講座で教えてもらったことが、あらゆる場面で役立ったと感謝しています。

さらに、さくらちゃんで多くの介護する仲間に出会え、支えられてきたことは、私にとって何よりの財産になりました。

いろんな人の介護を見たり聞いたりするなかで、自分の介護を考えるきっかけにもなった。「人はああいうふうに受けとってはるのに、自分はこう受けとってるのはどうなんやろう」と考えたりしてね。

いちばん刺激を受けたのは有岡陽子さんです。彼女が「お母さんを介護することに感謝してる」とか話してても、当初の私は「お父さんに介護させられてる」という感じしかなかったんです。

でも、年月を経て、講演会や介護講座で自分の介護体験を語る経験をさせてもらい、いろんな媒体で取材を受けるなかで、「確かに自分の世界が広がってるなあ」と感じるようになりました。

また介護講座のあとの懇親会では、さまざまな人に出会わせてもらい、物事にはいろんな考え方があることも教えられた。いろんな人の人生を見せてもらい、聞かせてもらって、そこで自分を振り返ることもできたんです。

そんななかで、「私って結構、幸せな人生を送ってるなあ」と長くかかって気づかされた。それを気づかせてくれたのは陽子さんであり、そういう場を設えてくれたまるちゃんです。

介護者は自分の人生まで奪われるとか、つらくてしんどいとか言われるけれど、そればっかりじゃないんです。

介護を続けていたら、いつからかお父さんからの感謝も伝わってくるようになって、逆にお父さんへの感謝の気持ちがわいてきました。

よくよく考えたら、私がいろんな考え方ができるようになって、幸せと思える人生に出会わせてもらったのも、お父さんの介護があったから。すべてお父さんのおかげ。私の人生はすごく豊かになったと感じられるようになりました。

もしさくらちゃんとの出会いがなかったら、私は文句だけを言う介護者だったかもしれない。介護がなかったら本当につまらない人間で、今のようななんでも言い合える仲間もできていなかったはずです。

現在は、「今日行くところがあってよかった」という気持ちと同時に、体調を崩したまるちゃんのお手伝いができればと、さくらちゃんに通っています。

また、まるちゃんをそばで一生懸命支える、陽子さんをサポートしたいという気持ちも強いです。だから、すべて含めて素敵な老後を生きてるなあと思うのです。

20周年に向けて、みなさんは、さくらちゃんがいつまでも続いてほしいと思われるでしょうけど、悲しいかな、みんな年齢を重ねて高齢になり、現実には望めないことだと思います。

そのときには、私たちがどんな生活を送ることになるのか想像もできません。でも、せっかくここでいろんなことを学んだ人生ですもん、そこから先をつまらない人生にしないようにがんばりたい。

もう80歳になって、今の健康状態をどのくらい維持できるかわからないけれど、頭で描くようにはなかなかいかないという覚悟はできています。

はっきり言えるのは、仲間四人の絆が薄くなることはないこと。とにかく毎日を充実させ、「楽しく！」に尽きますね。

6

介護って素晴らしい！

さくらちゃんも2004年にスタートして今年で19年。もうすぐ20周年を迎えます。

これまでつどい場を続けてこなければ出会うことのなかった、数え切れないほど多くの人たちと顔を合わせてきました。どれだけ多くの介護家族のみなさん、医療関係者、介護専門家、介護職の人たち、市役所の関係者の人たちと会って、話して、笑い合ってきたことか。

そして、新聞社、雑誌関係者、テレビ局のみなさんにどんなにたくさん取材を受け、紹介していただいてきたことか。さくらちゃんにまつわる数冊の本も出版していただきました。こうした出会いやつながりは太く強く、それは本当にありがたいものでした。感謝するばかりです。

今、振り返りますと、つどい場さくらちゃんのオープンは、私にとって「大冒険」でした。それは未来ある夢いっぱいの大冒険ではなく、あまりに無謀な大冒険でした。

私は家族への思いについて「詫び状」という言葉を使っていますが、三人の家族を何の知識も情報もなく在宅介護し、看取った後悔はどんな海の底よりも深かったのです。

介護について無知であったことの反省と後悔、自分への怒りが、そして、星となった家族への強い思いが、ひとりでつどい場を立ち上げ、運営していくという、あまりにも恐いもの知らずの大冒険へと私を導いたようです。

でも、独断で行ってきたことの代償は大きいです。私はさくらちゃんを立ち上げるとき、「介護保険制度を利用できない人たちの生活を支えることこそ介護や」との一貫した思いでやってきたものの、今になってのしかかってきているのがお金の問題です。

実はつどい場の開設にあたって、親が建てた名塩の家を売却して始めました。でも、私には長兄と亡くなった次兄の二人の子どもたち（甥と姪）、そして妹がいます。

本来なら、親の遺産であり、私が独占したらいけないものです。しかし、正式な手続きもしないまま、さくらちゃんの日々の運営に注ぎ込んできたわけです。でも、今の私には遺産分配など到底できません。「アホ」としか言いようがありませんね。

そういう私が言うのも矛盾していますが、介護者がいて介護家族がある限り、つどい場はなくてはならないものです。私が西宮市でつどい場を始めて、市内にはもう23軒のつどい場が誕生し、それぞれの活動が広がっています。

しかし、こうした主宰者の誠意と熱い思いだけで立ち上げられるつどい場は、介護保険事業のような収益は出ません。経済的な応援がなければ、継続は本当に難しい。

そうしたつどい場に出資してくれる財団や、定期的な助成金・補助金はなくてはならないものだと考えます。本来なら私がそういう仕組みをつくらなければいけなかったのに、私はそういう面に疎くて叶いませんでした。

確実に言えるのは、必要とされるものは必ず残っていくということです。でも永遠には続きません。

私は、このさくらちゃんを残したいという思いよりも、いずれ次に続く人のカラーに合った新たなつどい場をつくっていってほしいと思うのです。

許してもらえるなら、「さくらちゃんのよさは受け継いでや」とお伝えしたい。三つのタイ活動は介護者にも被介護者にもなくてはならないものです。

最後にお願いしたいのは、「介護の素晴らしさ」を伝えていってもらうこと。一般的には、介護はいまだにしんどくて、つらいものとされています。そういう方には、この本を、ぜひ読んでいただきたい。

さくらちゃんの介護者のみなさんは、介護を通して多くの人と出会い、一緒に学び、語り合っていくなかで、介護には大きな喜びもあることを知って、介護力ばかりか、普通の生活では得られない力を身につけていっています。

私が多くの介護者を見て思うのは、長年介護を続けてヘトヘトになった人たちも、仲間のサポートや上手な息抜きができていくと、ひと山越えたころには目に見えない「大きな力」をつけて、ひと回りもふた回りも大きくなっていく。たくましい「生きる力」を身につけているのです。

親を看取ったあとに、自宅を開放してつどい場を始めた方もあれば、看取ってもらった施設でボランティア活動を始めた方、親の介護をきっかけに介護の仕事に就いて生き生きと働いている人もいます。

本当に不思議な介護の力。介護は生き方も教えてくれる。人を育てるのです。

これから介護を始める方に、「介護って素晴らしい」と、ここで力強くお伝えしたいと思います。

おわりに

まるちゃんに出会って、もう15年になるでしょうか。

最初は、ある月刊誌の取材でした。つどい場のダイニングテーブルに座って、さくらちゃんを立ち上げた経緯を、よく通る明るい声で面白おかしく話してくれたまるちゃんの姿を、この本の執筆中に何回も思い浮かべました。

つどい場には介護家族の方もたくさんおられて、みなさん介護中だというのに笑い声が絶えず、穏やかに流れる空気が温かかったです。

帰り道では、数年前に亡くしたおしゃべり好きな母のことを思い出し、ここに連れてきたら、どんなに喜んだろうと思うのと同時に、こんな場所があることを全国に広めなければと、強く感じたのを覚えています。

ただ気になったのが、つどい場の名前が「さくらちゃん」で、代表の丸尾多重子さんが「まるちゃん」と、なぜか「ちゃん」続き、しかも活動の内容が「学びタイ」に「おでかけタイ」「見守りタイ」……？

「このネーミングって何?」と、妙な点に引っかかった不思議に思う場所でもあったのです。
それ以来、取材を口実に、まるちゃんのおいしいランチやほっこりする雰囲気を味わいたくて、さくらちゃんに定期的に通うようになりました。

私にとってまるちゃんは、ハッと思うような言葉にいつも出会わせてくれる人。世間で偉そうに振る舞っている人にも、介護の勉強に訪れる若い学生さんにも何ら変わりなく接し、普段は寡黙なのに、大舞台に出ると歯に衣着せぬ発言を続ける肝っ玉母ちゃんのようなまるちゃんの魅力に、はまってしまったひとりかもしれません。

今回の本づくりにあたって改めて気づかされたのが、家族介護のあり方について、まるちゃんは当初からぶれることなく一貫した考えで突き進んできたことです。

これまで介護が語られるとき、常に焦点が当てられたのは介護されるお年寄りと、それを支える介護職でした。そんななかで家庭の介護者である家族の側に立って発言を続けてきたのがまるちゃんです。

それは自分の介護体験での後悔や反省から生まれたものでしょうが、理論立てて難解な言語を使うわけでもなく、やり方は、あくまでも人懐っこいまるちゃん流。私が当初、気になったさくらちゃんの「学びタイ」などの、誰もが覚えやすい言葉を使って淡々と実践してきたのです。

もし、論文などであれば、「高齢者介護の問題点を調査、追求し、それを解決するために、さまざまな施策を導入し取り組んできました」といった感じになるのでしょうか。

まるちゃんは、まず、介護者がストレスを抱え込まないように、「人と人のネットワークづくり」を提案します。

孤立した介護は行き詰まりつぶれてしまうからと、同じ介護者同士が「つながれる」つどい場を開設。

介護に疲れた介護者が、胸にため込んだつらい思いを「吐露する＝癒される」場であり、同じ介護者同士でグチを言える場、ほかの家庭の介護法やさまざまな介護問題の解決法を学べる場となりました。ほかの家族会と違うのは、ウィークデイは毎日開かれていることです。

そして、日々の介護でご飯もゆっくり食べられない介護者に、栄養のあるものをたっぷり食べてほしいと毎日ランチを提供。大皿に盛られ、いくつも並べられたおいしいおかずの数々は、同じ介護者同士が笑顔でつながれるツールにもなったのです。

さらに、介護講座のあとの懇親会は、普段出会う機会がない他分野の人たちと出会い、つながれる場で、さまざまな意見を知る場となりました。

続いて、もっとも大切と力説したのが「情報力と知恵力」です。介護者が後悔なく介護を続けるために、医師や専門家の言いなりにならないように、「賢い介護者」になることを提唱。

つどい場のオープン前から介護講座を開始しました。毎回、次の講座の講師探しは、事前に注目する講師のセミナーなどに、どんなに遠くても参加し、自分で納得できる講師を呼ぶという徹底ぶりでした。

介護での「社会に伝える・行動する」ことの必要性も唱えてきました。

介護者が声をあげることに大きな意味があると、介護者が自分の介護体験を語れる場として、異色のかいご学会をスタート。介護界を変えるには、介護だけでなく、常に介護の少し上段に位置してきた医療とつながり、そこに地域の人たちも引き込まなければと、介護の「か」、医療の「い」、ご近所の「ご」から「かいご学会」と名づけています。

なぜなら、介護体験は教科書などでは得られない貴重な体験でありながら、介護が終わった段階でその人の思い出でしかなくなってしまうもの。そんなもったいないことをなくし、人に伝えて役に立ててもらうべきだと考えたのです。

さらに、そうして人前で介護体験を話し伝えるという行為は、介護者が成長する大きな力となり、人間としての自信につながるということも当初から訴えていました。

「外に出よう」という提案もまるちゃんならではです。

介護者は連日の介護で家にこもってばかりでは息が詰まってしまい、介護される本人も気分が晴れません。ならば、気分転換に外に出ようとつくったのが「おでかけタイ」です。

要介護4〜5の車イスの人も、家族や参加者の後押しとサポートがあれば一緒に海外旅行を楽しめることも実証してきました。

介護力の視点として素晴らしいと勉強になったのが、そうしてお年寄りが外に出て、楽しそうな姿や困っている姿を見せることが、社会を変えていくという考え方です。

最終的にまるちゃんが目指したのは、自分自身がやりたくても達成できなかった介護。つまり、「介護を経験してよかった！」と、周りの多くの介護者が笑顔で介護を終えられること、ではなかったかと考えます。

そのために、「学ぶ」「吐露する」「介護者同士がつながる」「介護と医療と地域がつながる」「行動する」「伝える」「外に出る」などのキーワードを繰り返し、さまざまな場所で提唱してきたのです。

その結果が、「介護は人を育てる」「介護は生き方も教えてくれる」「介護は素晴らしい」という言葉につながっていったのではないでしょうか。

そして、そのルートをそれぞれの介護法で歩んできた代表が、まるちゃんの大切な仲間である三人だと思うのです。

介護者を癒し、結び、学ばせ、語らせ、育てていく。これこそまるちゃんが練り上げた、紛れもない「家族介護論」ではないかと確信します。

それもこれも、まるちゃんの無謀な大冒険があったからこそ。

本書の執筆にあたっては、長尾和宏医師をはじめ、有岡陽子さん、西村早苗さん、戸枚一枝さんなど多くの方にご協力いただきました。

私自身、ライターのひとりとして、その大冒険の大船の片隅にでも、一緒に乗せてもらったことに心から感謝したいと思います。

そして、本書の制作にあたって適切なアドバイスで導いてくださった、クリエイツかもがわの岡田温実さんに心から御礼申し上げます。

2022年12月　上村　悦子

監修プロフィール

丸尾多重子（まるお・たえこ）

特定非営利活動法人　つどい場さくらちゃん　理事長

大阪市生まれ。4年間のOL生活の後、調理師免許を取得。15年間東京で食関係の仕事に就く。帰阪後、10年間で母、兄、父を在宅介護で看取り、ヘルパー1級（現、介護福祉士実務者研修）を取得。2004年3月、兵庫県西宮市に「つどい場さくらちゃん」を開設。2007年4月、NPO法人化。愛称「まるちゃん」。数多くの介護者、介護従事者の心の拠りどころとなっている。著書に『親の「老い」を受け入れる』（長尾和宏医師との共著、ブックマン社）、『心がすっと軽くなる ボケた家族の愛しかた』（長尾和宏医師との共著、高橋書店）などがある。

■ 特定非営利活動法人　つどい場さくらちゃん

〒662-0972 兵庫県西宮市今在家町1-3　TEL/FAX　0798-35-0251

ホームページ● https://www.tsudoiba-sakurachan.com/

メールちょうだ〜い● sakurachanmaru@bca.bai.ne.jp

著者プロフィール

上村　悦子（うえむら・よしこ）

岡山県生まれ。コピーライターを経てフリーに。介護、女性、子どもの問題を中心に取材し、「婦人公論」ほかに寄稿。著書に『あなたが介護で後悔する35のことそして、後悔しないための8つの心得』（講談社）、『まじくる介護　つどい場さくらちゃん』（雲母書房）、『家族が選んだ「平穏死」』（長尾和宏医師との共著、祥伝社黄金文庫）などがある。

まるちゃんの
老いよボチボチかかってこい！

2023年３月14日　初版発行

監　修●丸尾多重子　Taeko Maruo
著　者●上村　悦子　Yoshiko Uemura
発行者●田島英二　info@creates-k.co.jp
発行所●株式会社 クリエイツかもがわ
〒601-8382　京都市南区吉祥院石原上川原町21
電話 075(661)5741　FAX 075(693)6605
https://www.creates-k.co.jp
郵便振替　00990-7-150584
イラスト●ホンマヨウヘイ
撮　影●伏屋俊邦
デザイン●菅田　亮
印 刷 所●モリモト印刷株式会社
ISBN978-4-86342-343-5　C0036　printed in japan

好評既刊本　　定価表示

全国認知症カフェガイドブック

認知症のイメージを変えるソーシャル・イノベーション　コスガ聡一／著

全国の認知症カフェ200か所以上に足を運び、徹底取材でユニークに類型化。さまざまな広がりを見せる現在の認知症カフェの特徴を解析した初のガイドブック。
武地一医師（藤田医科大学病院）との対談も必読！　2200円

認知症介護の悩み　引き出し52　「家族の会」の“つどい”は知恵の宝庫

公益社団法人認知症の人と家族の会／編

認知症にまつわる悩みごとを網羅した52事例。介護に正解はない。認知症のある本人、介護家族・経験者、「家族の会」世話人、医療・福祉の専門職をはじめとした多職種がこたえる。「共感」を基本とした複数のこたえと相談者のその後を紹介。　2200円

認知症になってもひとりで暮らせる

みんなでつくる「地域包括ケア社会」　社会福祉法人協同福祉会／編

医療から介護へ、施設から在宅への流れの中で、これからは在宅（地域）で暮らしていく人が増えていく。人、お金、場所、地域、サービス、医療などさまざまな角度から、環境や条件整備への取り組みをひろげる協同福祉会「あすなら苑」（奈良）の実践。　1320円

人間力回復　地域包括ケア時代の「10の基本ケア」と実践100

大國康夫／著

施設に来てもらったときだけ介護をしてればいいという時代はもう終わった！　あすなら苑の掲げる「10の基本ケア」、その考え方と実践例を100項目にまとめ、これからの「地域包括ケア」時代における介護のあり方、考え方に迫る。　2420円

ごちゃまぜで社会は変えられる　地域づくりとビジネスの話

一般社団法人えんがお　濱野将行／著

作業療法士が全世代が活躍するごちゃまぜのまちをビジネスにしていく物語。地域サロン、コワーキングスペース、シェアハウス、地域食堂、グループホーム。 徒歩2分圏内に6軒の空き家を活用して挑んだ、全世代が活躍する街をビジネスで作る話。　1980円

老いる前の整理はじめます！　暮らしと「物」のリアルフォトブック

NPO 法人コンシューマーズ京都／監修　西山尚幸・川口啓子・奥谷和隆・横尾将臣編／編著

最期は「物」より「ケア」につつまれて――自然に増える「物」。人生のどのタイミングで片づけはじめますか？　終活、暮らし、福祉、遺品整理の分野から既存の「整理ブーム」にはない視点で読み解く。リアルな写真満載、明日に役立つフォトブック！　1650円

緑茶葉パワーで健康に！食べるお茶のススメ

梁川　正／編著

いつもの食事にプラスお茶の生活を！　お茶を飲むだけでなく、食べるための「お茶を使ったレシピ」「食べるお茶の効果（お漬物）レシピ」が73例。手軽においしく健康の維持・増進につなげよう。高齢者に、親子での食育にオススメです。　1650円